AF274168

VICENTE GARCÍA DEL CASTILLO

CLASH ROYALE
EL CAMINO DE LAS COPAS

DOLMEN
EDITORIAL

CLASH ROYALE: El camino de las copas

© 2024 Plan B Publicaciones SL, sobre la presente edición.

Primera edición: noviembre 2024

ISBN: 978-84-10390-60-7

Depósito Legal: PM 00807-2024

info@dolmeneditorial.com

Autor: Vicente García del Castillo

Diseño y maquetación: David Saavedra

Corrección: Óscar Gómez Rollán y Celia Corral Cañas (@notecomasmascomas)

Impreso en España / *Printed in Spain*.

LIBRO NO OFICIAL

CLASH ROYALE

EL CAMINO DE LAS COPAS

VICENTE GARCÍA DEL CASTILLO

ÍNDICE

INTRODUCCIÓN

Si tienes este libro entre tus manos, seguramente ya sabes que **Clash Royale** es un videojuego de estrategia en tiempo real multijugador en línea. Se trata de un *spin-off* de **Clash of Clans** que fue lanzado al mercado el 2 de marzo de 2016, con un éxito tan grande que, en menos de un año, alcanzó unos beneficios de mil millones.

A lo largo del siguiente libro verás cuáles son los principales mazos de combate, aprenderás a manejar mejor las tropas o a conocer cuáles son las mejores evoluciones. Pero lo principal es que disfrutarás leyendo sobre este juego de estrategia y te hará pasar más de un buen rato.

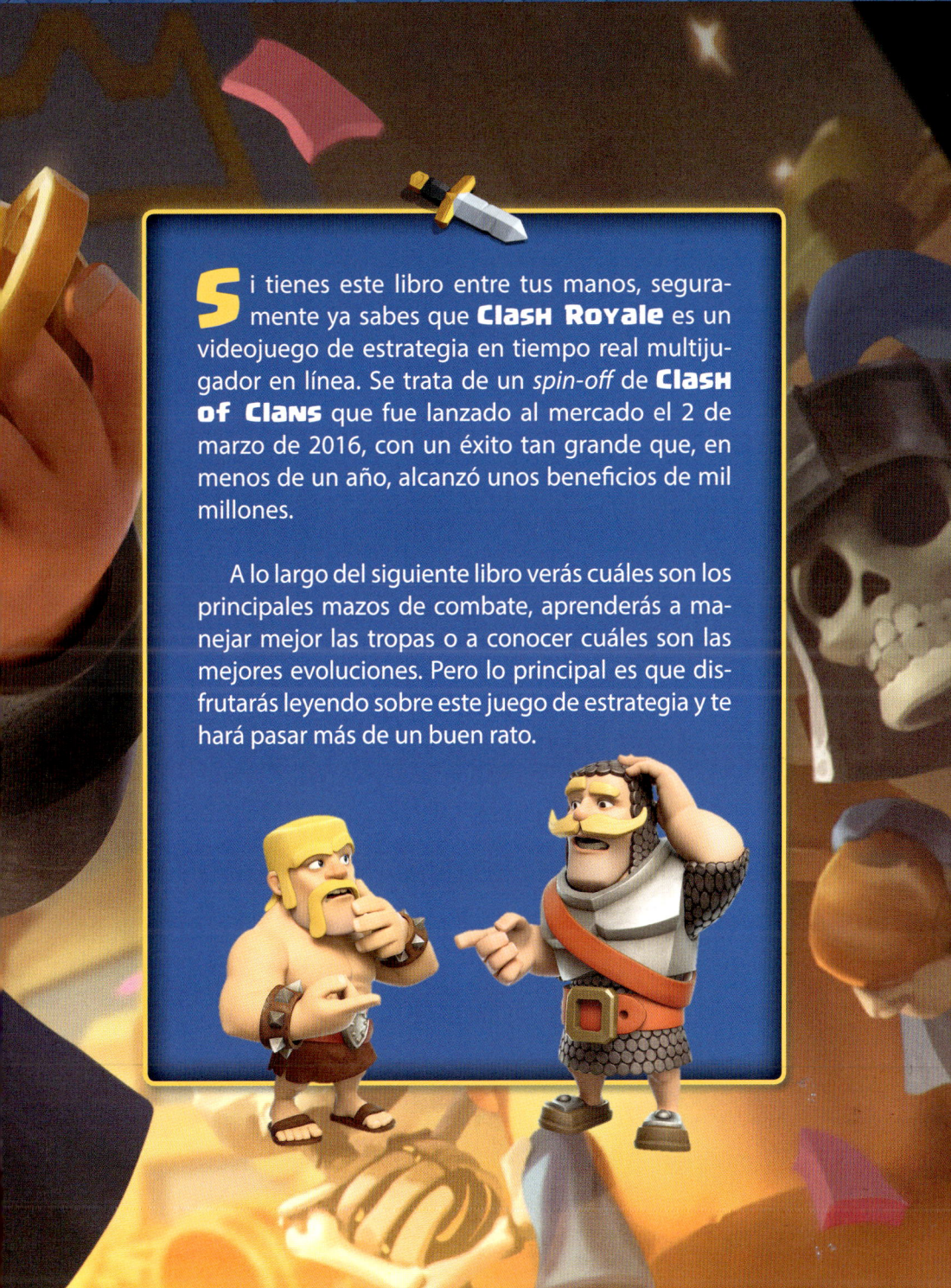

Clash Royale, como muchos otros juegos, es una perfecta metáfora de la vida que sacará lo mejor y lo peor de ti. Con cada partida aprenderás con qué tipo de personas compartes existencia –descubriendo gente tóxica y gente educada–, experimentarás el verdadero significado de la **paciencia**, te habituarás a elaborar estrategias y, sobre todo, tendrás que controlar la rabia que te inundará en ocasiones y que hará que quieras estampar tu aparato móvil contra la pared.

Pero si hay algo que *Clash Royale* no es, es un juego **injusto**. Los dos jugadores partís con las mismas reglas, con cartas escogidas libremente, el mismo Elixir, el mismo cronómetro… Por lo que, sinceramente…, "a llorar a la llorería". Llorar está bien, a pesar de lo que escucharás por ahí, incluso es recomendable en ocasiones. Pero se ha de llorar por cosas que valgan la pena, no para poner excusas absurdas por haber perdido una batalla por culpa de la "mala suerte". No, al *Clash* se viene llorado y con ganas de coger experiencia y mejorar. Y eso nunca lo harás si comienzas a usar frases del estilo: "Qué mala suerte tengo **siempre**, el *machtmaker* de *Clash* no me quiere". ¿Siempre tienes mala suerte? ¿No será que jugaste contra alguien mejor que tú?

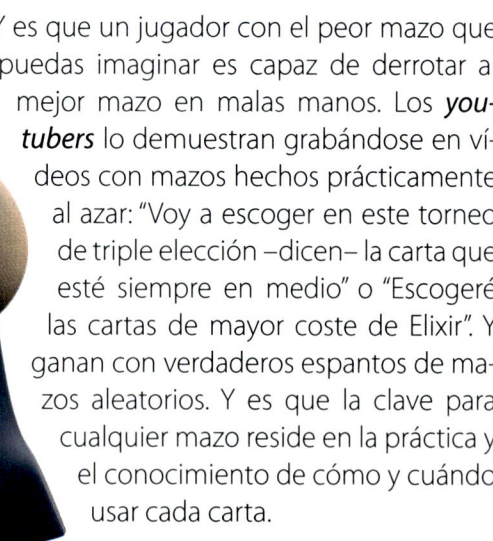

Y es que un jugador con el peor mazo que puedas imaginar es capaz de derrotar al mejor mazo en malas manos. Los *youtubers* lo demuestran grabándose en vídeos con mazos hechos prácticamente al azar: "Voy a escoger en este torneo de triple elección –dicen– la carta que esté siempre en medio" o "Escogeré las cartas de mayor coste de Elixir". Y ganan con verdaderos espantos de mazos aleatorios. Y es que la clave para cualquier mazo reside en la práctica y el conocimiento de cómo y cuándo usar cada carta.

Consejo

Puede resultar evidente, pero, si en algún momento decides dejar de jugar, no elimines del todo tu cuenta, porque puedes desear volver algún día. Y es que una de las características de los desarrolladores de **Clash Royale** es su habilidad para ir relanzando cada cierto tiempo el juego con nuevas dinámicas. Lo van actualizando con mejoras significativas y con elementos nuevos. Es el caso del cambio realizado en 2024 al lanzar el camino de **El Viaje de la Reina Duende** o la creación de las **Cartas Evolucionadas**, así como la aparición de los **Campeones**, el controvertido **Nivel 15** de las cartas... El último gran giro de guion tuvo lugar en septiembre de 2024, cuando apareció la evolución del **Mega Caballero** y la **P.E.K.A.**, momento en el que todo el mundo comenzó a jugar estas dos cartas como si no hubiera mañana.

Esto me lleva a recomendarte hacer toda una serie de retos personales para cuando estés algo cansado del juego. Se trata de ponerte condicionantes a la hora de crear mazos o jugar partidas:

- Jugar solo con cartas de coste **cuatro de Elixir**.
- Jugar con aquellas cartas con las que tengas la **maestría más baja**.
- Jugar con las cartas de más **bajo coste de Elixir**.
- Jugar el mazo más pesado posible con las cartas de más **alto coste de Elixir**.
- Jugar con **ocho cartas de coste de Elixir diferente** cada una.
- Jugar solo con **cartas Duende**.
- Jugar con las **cartas que menos utilices y conozcas**.
- Jugar solo con (o sin) **cartas aéreas**.

En el caso de que no hayas jugado mucho al *Clash*, en este libro hay varios ejemplos de mazos, por lo que te recomendaría que los emplearas para ir familiarizándote con aquellas cartas que no conozcas tanto. No es bueno ser un jugador excelente de un solo mazo, ya que con el tiempo acabarás aburriéndote.

Y, para acabar, has de ser consciente de que hay muchas cosas de las que no se puede hablar en este libro. El espacio es limitado y *Clash Royale* es un juego que ya tiene algunos años y del que se podría escribir una o varias enciclopedias. De modo que se nos han quedado fuera temas como la **Guerra de clanes**, las cartas que han ido quitando del juego, los campeonatos mundiales, los principales *influencers*… Y eso por no hablar de múltiples mazos, estrategias o cartas. Así que no te preocupes, porque esperemos que en un futuro no muy lejano podamos volver con un nuevo libro donde se hable de todo ello.

> **Este libro te dará muchas guías de cómo jugar, te enseñará cosas, pero la mejor manera de subir de copas y de ir ganando más batallas es… jugando.**

Atención

Aunque habrá breves momentos en que te parecerá la mejor opción, deberás respirar y evitar lanzar tu teléfono móvil o *tablet* contra la pared:

- 🏰 Cuando pierdas la conexión a internet en mitad del juego.
- 🏰 Cuando pierdas una partida en el último momento.
- 🏰 Cuando alguien te interrumpa en tu casa mientras juegas

Mentalízate e intenta frenar esa rabia interior que recorrerá tu cuerpo desde el hígado.

Consejo

No seas tóxico e intenta evitar el usar según qué Reacciones frente a tus rivales, porque las hay que realmente duelen cuando son lanzadas en el momento adecuado. O no, haz lo que quieras y sé como eres.

¿Casualidad o causalidad?

Hazte a la idea de que acabarás odiando el *maravilloso* (modo irónico *on*) *matchmaker* de *Clash*, que hará que cada vez que usas la P.E.K.K.A. te aparezca una Torre infernal, o el emparejamiento que más me gusta a mí: vas con Recolector de Elixir y, misteriosamente, **todos** tus rivales llevan Bola de Fuego o Terremoto. Así es la vida y así empareja *Clash Royale*.

Ten en cuenta que...

Si pierdes es porque juegas peor que tu rival. Punto. No te engañes a ti mismo haciendo trampas al solitario. De modo que si tienes una mala racha no es porque hayas tenido mala suerte o porque creas que el *matchmaker* del *Clash Royal* te odie. Simplemente has dado con rivales mejores que tú. Creer lo contrario no te ayudará a mejorar e ir subiendo de copas. Como todo en la vida, tendrás días buenos, días malos, rachas buenas...

CAPÍTULO 1

CÓMO CREAR UN MAZO

Una de las principales claves para jugar a este juego es crearte un mazo equilibrado que deberá tener toda una serie de elementos **indispensables**. En general, todas las cartas son buenas para defender y para atacar, pero lo principal que se debe tener en cuenta es que todas se han de apoyar entre sí, han de crear sinergias.

Las cartas se dividen en:

- Hechizos
- Estructuras
- Tanques
- Win conditions
- Antitanques
- Cartas de presión
- Antiaéreas
- Cartas de distracción

También se pueden clasificar en función del daño por segundo que hacen o en si provocan daño por salpicadura, o sea, si hacen daño de área.

Hay toda una serie de mazos que son utilizados por mucha gente y ya vienen más o menos predeterminados. Es el caso del **_Miner Control_**, **Sabueso de Lava**, **_Log Bait_**, **Montapuercos 2.6**, etc. Esto no quiere decir que no puedas crear tu propio mazo siguiendo toda una serie de parámetros que se detallan un poco más adelante.

Con el tiempo, quien más, quien menos acaba deduciendo contra qué tipo de Mazo está luchando con solo ver las dos o tres primeras cartas lanzadas por el rival, lo que te da una gran ventaja al poder conocer desde el principio contra qué te estás enfrentando.

Si deseas crear un Mazo desde cero, lo ideal es comenzar seleccionando un Antitanque, es decir, una tropa que hace daño por segundo y ataca en cuerpo a cuerpo. Tienes que elegir si quieres uno que tenga mucha vida, que sea barato, que haga mucho daño, que haga daño de salpicadura… A partir de ahí, deberás seguir eligiendo el resto de cartas.

Para el caso que nos ocupará a continuación, escogeremos el **Caballero**.

El caballero

En lo que a calidad-coste se refiere, es una de las cartas más eficaces del juego. Cuesta tres puntos de Elixir y es capaz de sobrevivir a cualquier Hechizo. Debido a su elevada salud, es el perfecto protector para tropas con menos puntos de vida. Por el contrario, en lo negativo, es inútil contra tropas aéreas y se mueve muy lentamente, pudiendo ser contrarrestado fácilmente con unos **Murciélagos**.

Un buen ejemplo de uso es combinarlo con **Barril de Duendes**. Si tu Torre objetivo comienza a atacar al Caballero, los tres Duendes tendrán vía libre para atacar sin ser eliminados (a menos que tu oponente disponga de cartas como el Tronco o Barril Bárbaro). Del mismo modo, puedes combinarlo en ataque con el **Cementerio**.

Si lo usas de manera defensiva, podrá distraer fácilmente a todo tipo de tropas, especialmente si es ayudado por alguna de tus Torres. Curiosamente, si lo sabes usar bien, puede ser un buen **counter** de Barril de Duendes o Cementerio.

Además, es excelente en defensa contra tropas como el **Esqueleto Gigante** o el **Príncipe**, al que distraerá e incluso podrá eliminar situado en el centro con la ayuda de ambas Torres. Es un clásico el emplazar a tu Caballero en la zona central del tablero y ser perseguido por tropas enemigas mientras las atacan tus Torres.

Su **versión evolucionada** se comenta en la página 69 del libro.

IMPORTANTE

No desprecies nunca el avance en solitario de un Caballero hacia tu Torre. Es un error común el despreciarlo, y él solo puede acabar con la mitad de los puntos de la Torre. Como mínimo, es recomendable distraerlo hacia el centro con unos **Esqueletos**.

Ahora deberás escoger un **Antiaéreo** que ataque a tropas que vuelen, ya que el Caballero no puede. Tienes mucho donde escoger: **Esbirros**, **Fénix**, **Mago**, **Baby Dragon**… Pero, habiendo escogido el Caballero, una buena carta que cubre muchas de sus debilidades sería la **Mosquetera**, que también podrá hacer de tanque.

Ahora llega el turno de escoger la *win condition* ("condición ganadora"), es decir, una carta que haga daño directo a las **Torres** o **Estructuras**. No es recomendable tener más de dos en tu mazo, dado que de lo contrario te será complicado defenderte bien. Puedes escoger **Globo** y **Minero**, pudiendo usar este último para tanquear durante el ataque y absorber daño mientras el Globo impacta en la Torre.

Para ciclar rápido y distraer tropas del Enemigo, puedes elegir ahora el **Gólem de Hielo**. Es perfecto para volver loco al enemigo, que lo perseguirá mientras tú ciclas tus cartas.

También necesitarás usar **Hechizos**. Suele ser recomendable uno pequeño (de poco coste de Elixir) y otro **Grande** (a partir de cuatro de Elixir), aunque, dependiendo de la estrategia o de si quieres ciclar más rápido, puedes usar dos pequeños, lo que también hará que tu mazo sea más agresivo. Con ellos reseteará las defensas de tu rival (**Descarga**), harás que el Globo vaya más rápido (**Furia**), empujarás las cartas de tus rivales (**Bola de Nieve**), acabarás con las tropas pequeñas (**Barril de Bárbaros**), etc. Si no tienes defensas contra tanques grandes (como es este caso si usas el Caballero), sería recomendable tener una **Estructura** en tu mazo.

Para rellenar el Mazo puedes escoger cartas de ciclo rápido como los **Duendes** o de presión como la **Bandida**. En este caso, al llevar Globo, es recomendable **Murciélagos** o **Espíritu de Hielo**, que le servirán de apoyo.

Más adelante se explican con más detenimiento algunos de los tipos de cartas mencionados, como los Hechizos y Estructuras.

Win conditions pesadas

Has de tener en cuenta que, si te gusta mucho alguna carta como el **P.E.K.K.A.** y quieres usarla como *win condition*, deberás emplear una segunda *win* más eficaz que pueda llegar fácilmente a la Torre, porque es evidente que el P.E.K.K.A. lo hará en pocas ocasiones. El **Montapuercos** es una buena opción.

Si seguimos con el ejemplo de este mazo, necesitarás alguna tropa terrestre para rotar un poco y no tener que gastar siempre los siete de Elixir del P.E.K.K.A.; deberás usar dos hechizos, alguna carta de ciclado y algo que pegue a tropas aéreas.

Como verás, siempre es lo mismo. De modo que este mazo lo podrías completar con **Tronco** o **Descarga**, **Bola de Fuego**, **Mago Eléctrico**, algún **Espíritu**, **Príncipe Oscuro**, **Esqueleto** para ciclar y alguna carta más que haga daño aéreo, como **Reina Arquera** o, si quieres sorprender a tu rival, una **Bruja Madre**.

Claves para un buen mazo

1. **Lo primordial**, como todo en la vida, **es que esté bien equilibrado**. Es decir, procura que sea bueno atacando y defendiendo, ya que de esa manera conseguirás que te funcione.

2. El **coste de Elixir**. Si te excedes y es un mazo muy pesado, te será imposible jugarlo. No es muy recomendable tener demasiadas cartas de alto coste. Así que no caigas en la tentación y modérate.

3. **Buena sinergia** entre las cartas. Es decir, que combinen entre ellas e interactúen apoyándose.

Combinando mazos

A la hora de completar tu mazo has de analizar los puntos débiles de las cartas que hayas escogido al principio. Esto es indispensable para crear un mazo equilibrado y que se produzca la citada sinergia entre tus tropas. Es decir, si tienes *win conditions* pesadas deberás buscar tropas que las acompañen y ver con quién coinciden mejor.

Has de tener en cuenta qué cartas has escogido y que hay toda una serie de condiciones muy importantes a tener en cuenta, como las siguientes:

- Si vas con **Globo** como carta de ataque, es mejor acompañarla con otras cartas aéreas que atraigan sobre sí hechizos, como la **Bola de Fuego**. Por ejemplo: Máquina Voladora, Dragones Esqueleto o Megaesbirro.
- Si vas con **Megacaballero** o **P.E.K.K.A.**, no debería hacerte falta usar una estructura, mejor una carta más de presión, como la **Bandida** o el **Fantasma Real**.
- Si juegas **Gigante Noble**, es imprescindible el **Pescador**.
- Si llevas el **Minero** como *win condition*, es adecuado llevar una segunda *win* de no mucho coste de Elixir, como los **Rompe Muros**.

Tipos de mazo

Las combinaciones de mazos son innumerables, pero aquí te damos algunos de los más utilizados y que, sin duda, te encontrarás con regularidad. Algunos de ellos vienen explicados más adelante en este libro:

Mazo de Ciclado Rápido

Se centra en usar cartas de bajo coste de Elixir. Ciclan de forma rápida y mantienen la presión sobre el oponente.

Ejemplo: Caballero + Bola de Fuego + Cañón + Murciélagos + Tornado + Mosquetera + Montapuercos + Tronco.

Mazo de Control

Su objetivo es defender de manera eficiente y contraatacar en el momento adecuado.

Ejemplo: Megaesbirro + Bebé Dragón + Tornado + Torre Infernal + Veneno + Montapuercos + Caballero + Electrocutadores.

Mazo de Gólem

Se centra en un ataque fuerte con Gólem, acompañado de cartas de soporte.

Ejemplo: Gólem + Bruja Nocturna + Bebé Dragón + Tornado + Mago Eléctrico + Barril de Bárbaro + Tornado + Lanzadardos.

Mazo de Sabueso de Lava

Mazo con un poderoso ataque aéreo que se basa en lanzar el Sabueso de Lava desde atrás y acompañarlo con cartas aéreas.

Ejemplo: Sabueso de Lava + Globo + Megaesbirro + Minero + Rayo + Tornado + Guardias + Flechas.

19

Mazo de Gigante

Mazo que cuenta con Gigante como tanque principal.

Ejemplo: Gigante + Mago + Mini P.E.K.K.A. + Bola de Fuego + Mosquetera + Pandilla de Duendes + Descarga + Murciélagos.

Mazo Miner control

La idea de este mazo es usar el Minero como *win condition* para atacar y desgastar al Enemigo.

Ejemplo: Minero + Veneno + Torre Infernal + Tornado + Baby Dragón + Guardias + Mago Eléctrico + Murciélagos.

Mazo Log Bait

Mazo rápido cuya idea es que tu enemigo gaste los hechizos en objetivos que no sean el Barril de Duendes.

Ejemplo: Barril de Duendes + Pandilla + Princesa + Cohete + Espíritu Hielo + Torre Infernal + Caballero + Tronco.

Mazo Bridge Spam

Mazo de alto ciclado que no permite a tu enemigo atacarte al tener que estar defendiéndose constantemente.

Ejemplo: Bandida + Ariete de Batalla + Murciélagos + Mini P.E.K.K.A. + Electrocutadores + Mago Eléctrico + Descarga + Torre Tesla.

Mazo Montapuercos

Mazo de ciclado rápido que usa al Montapuercos como *win condition* básica.

Ejemplo: Montapuercos + Esqueleto + Principito o Mosquetera + Gólem de Hielo + Cañón + Bola + Tronco + Espíritu de Hielo.

Mazo Beatdown

Se basa en usar cartas que tengan mucha vida y que pueden dañar seriamente la Torre del enemigo. La idea es que el empuje del ataque resulte **imposible** de detener. Se trata de acumular Elixir y esperar al Doble Elixir.

Ejemplo: Gólem + Baby Dragón + Leñador + Megaesbirro + Dragón Eléctrico + Bruja Nocturna + Tornado + Recolector de Elixir.

CAPÍTULO 2

TIPOS DE CARTAS

Como ya hemos dicho antes, hay ocho tipos de cartas diferentes, de entre los que vamos a analizar tres a continuación: **Estructuras**, *Win conditions* y **Hechizos**.

Estructuras

Son una de las cartas defensivas más importantes del juego y hay un total de doce. Se pueden separar en diferentes clases:

- **Chozas**
- **Estructuras defensivas**
- **Estructuras de apoyo**
- **Estructuras win condition**

Chozas

- **Choza de Duendes**
- **Horno**
- **Lápida**
- **Choza de Bárbaros**
- **Jaula del Forzudo**

Todas ellas se caracterizan por producir tropas cada cierto tiempo, menos la Jaula del Forzudo, que simplemente produce un duende forzudo cuando se destruye la estructura.

Todas estas estructuras tienen algo en común, y es que son un poco más grandes de lo normal, lo que te permite colocarlas en lugares un poco más lejos de lo habitual y distraer a las tropas rivales con más facilidad (en caso de usarlas de manera defensiva). Además, si tu rival te ataca siempre con **Terremotos**, puedes colocarlas alejadas de las Torres y ahorrar Elixir sin usar tropas.

Para atacar o defender, la mejor posición para las chozas es en la parte central del tablero, menos en el caso de la Jaula, que es mejor colocarla delante del puente.

Si tu rival tiene Terremoto o Veneno puede ser una verdadera molestia, puesto que siempre tendrá las defensas necesarias para acabar con ellas.

Estructuras defensivas

- Cañón
- Torre Tesla
- Torre Infernal
- Torre Bombardera

Las dos primeras hacen daño de alcance y solo golpean a una tropa enemiga. Son buenas para defender a cartas tanque como un **Gólem de Piedra** o **Gigante Noble**, ya que bien posicionadas pueden ser excelentes. La diferencia que tienen es que el **Cañón** solo ataca tropas terrestres y la **Tesla** ataca también tropas aéreas. La **Torre Infernal** hace daño acumulativo, es decir, cuanto más tiempo golpea una tropa más daño causa; es útil contra cartas que tengan mucha vida, como un **Gólem** o el **Sabueso de Lava**, pero se resetea con Hechizos o tropas eléctricas porque en ese caso no podrá acumular daño y no podrá defender de manera eficiente.

La **Torre Bombardera** hace daño de área y es muy buena para defender de ataques fuertes. Además, si te atacan con **Terremotos** + **Montapuercos**, la puedes colocar en el centro del tablero para defenderte bien con el ataque combinado de tus dos Torres; eso te dará una gran ventaja, ya que defenderás un ataque siete de Elixir con tan solo cuatro. Eso sí, tendrás que colocarlo muy rápido porque, de lo contrario, el Monta no se distraerá e irá directo a la Torre de Princesa.

Estructuras de apoyo

 **Recolector de Elixir**. Te da un Elixir extra cada nueve segundos hasta un total de ocho. Además, cuando se destruye, recibes una gota. Puedes colocarlo detrás de la Torre que tenga más vida o delante de la Torre de Coronas, debido a que, en el caso de que tu rival tenga Minero, este recibirá daño de las dos Torres de Princesa. Tu problema vendrá si tu rival tiene Terremoto o Bola de Fuego, puesto que tu rival lo destruirá con facilidad y con un coste bajo de Elixir. Tendrás que estar atento porque si gasta su Hechizo fuerte en destruirlo, te abrirá la puerta para iniciar un ataque directo.

Estructuras win condition

♟ **Mortero**
♟ **Ballesta**

Son estructuras alrededor de las cuales formarás tu mazo y con las que atacarás a tu rival de manera directa. Las encontrarás explicadas a continuación

Win Conditions

Son las cartas básicas que has de manejar en tu mazo, dado que son las que te facilitan ganar partidas, al ir directas hacia la Torre de tu rival sin distraerse con ninguna tropa. Hay un total de veintidós *win conditions* y cada una con una cualidad distinta a las demás. Se pueden categorizar en cinco categorías:

- Estructuras
- Aéreas
- Terrestres
- Tanques
- Directas

Estructuras

- Mortero
- Ballesta

Se pueden utilizar de diferentes maneras, pues sirven tanto para defensa como para ataque. Si vas a atacar con cualquiera de ellas, lo más adecuado es ponerla en el puente, dejando siempre un espacio donde colocar cualquier otra tropa enfrente de tu estructura y así poder defenderla.

Si juegas con Mortero y necesitas usarlo de manera defensiva, lo mejor es situarlo centrado y delante de la Torre de Coronas; has de tener en cuenta que tu rival puede atacarte con una *Win* que se distraiga a mucha distancia como el Gigante Eléctrico, los Rompemuros o, en general, cualquier carta que tenga el nombre de Gigante.

Si usas el Mortero de forma ofensiva, lo mejor es colocarlo centrado y delante. De esa manera, aunque te ataque, lo normal es que te permita golpear una o dos veces en la Torre si el rival no la defiende bien.

Si juegas Ballesta y necesitas defender, la mejor posición es del lado contrario a donde el rival te esté atacando, y así evitarás dar valor a los hechizos de tus rivales dañando tu Torre. Además, siempre es recomendable llevar una estructura extra para defender, ya que la Ballesta es muy cara.

Y recuerda que si usas Mortero o Ballesta siempre tienes que estar atento porque si las defiendes te dejarán seco de Elixir, permitiendo a tu rival atacar por la otra línea.

Aéreas

- ♜ **Barril de Esqueletos**
- ♜ **Globo**
- ♜ **Sabueso de Lava**

En el caso del **Globo**, lo más indicado es lanzarlo desde un extremo a la altura del puente, ya que así podrás evitar muchas veces que se distraigan con alguna estructura que te ponga tu rival y que vaya directamente hacia la Torre. También pueden aplicarte el truco de lanzar los Murciélagos al mismo tiempo, lo que empujará su Globo hacia un lado e ignorará por completo las estructuras. Nunca lo lances en posiciones centrales, pues será más fácil de distraer si el rival tiene estructuras.

La ubicación inicial del **Sabueso de Lava** es totalmente diferente, pues siempre tienes que empezar tirándolo desde detrás, para de ese modo acumular y acompañar el ataque. Si al lanzarlo tu rival te ataca por la otra línea, intenta defender con lo más barato que tengas, o simplemente ignora su ataque para concentrar tu Elixir en el ataque. Obviamente, lo ideal es que lo juegues cuando tengas diez acumulados, puesto que así tendrás tres de Elixir extra para defender o para seguir formando tu ataque

Como ya hemos dicho, el **Barril de Esqueletos** es mejor lanzarlo previo tanqueo de otra tropa como el Caballero o el Minero.

PRO-TiP

El **Terremoto** es clave para eliminar defensas que intentarán detener a tu Montapuercos, incluidas las aéreas, pero además tiene un efecto importante más a tener en cuenta: reduce la velocidad de ataque de los edificios defensivos, por lo que podrás golpear más veces.

Terrestres

- ⚔ **Montapuercos**
- ⚔ **Montacarneros**
- ⚔ **Rompemuros**
- ⚔ **Chispitas**
- ⚔ **Gigante Noble**
- ⚔ **Puercos Reales**
- ⚔ **Trío de Mosqueteras**

Si juegas **Montapuercos** o **Montacarneros**, es preferible situarlos en un lado del puente para evitar que se distraigan con las Estructuras. También resulta conveniente llevar **Terremoto** con el Montapuercos, ya que le facilitará el camino hacia la Torre, eliminando a las tropas o Estructuras que pongan a tu paso, y **Bola de Nieve** con la Montacarneros, dado que de esa manera empujará y ralentizarás las tropas que le lancen a su paso.

Los **Rompemuros** son muy versátiles, aunque fáciles de distraer con Estructuras por su gran rango de visión. Te cuestan solo dos de Elixir y los puedes usar separándolos o atacando en una línea junto al **Minero**, que hará las funciones de tanque absorbiendo daño.

Si te decides por un **Chispitas**, al igual que sucede con muchas tropas en este juego, tie-

nes que empezar desde atrás para ir acumulando tropas que lo apoyen. Por sí solo, el Chispitas es muy sencillo de defender. La idea es llevar un tanque que absorba daño y alguna carta que haga mucho daño o funcione contra tropas aéreas.

El **Gigante Noble** es como un **Montapuercos** a distancia, golpea la Torre a unas cinco casillas y deberás jugarlo con el Pescador, cuya función será la de atrapar las tropas que le lancen. Por su parte, el Ariete de Batalla también es mejor lanzarlo en la parte de atrás para acumular tropas que puedan ir con él en el ataque.

Los **Puercos Reales** son una buena carta combinada con la Furia, aunque si ves que tu rival tiene cartas que le hagan *counter*, como la Valquiria o el Príncipe Oscuro, la mejor táctica será tirarlos en la parte central y dividir de esa forma el ataque en dos Puercos por cada línea

El **Trío de Mosqueteras** es una carta complicada de jugar, ya que te deja sin Elixir y se recomienda emplearla junto a un **Recolector de Elixir**. Su principal problema es que es muy sensible a hechizos como la **Bola de Fuego**, que acaba con las tres Mosqueteras de un golpe por un coste de Elixir de cuatro puntos. Una vez más, es recomendable sacarlas desde atrás y dividirlas en dos líneas para atacar por ambos lados.

Arbusto sospechoso

Hay una nueva *win* aparecida en la temporada 54 conocida como **El Mundo Misterioso**. Se trata del **Arbusto Sospechoso**, funciona de una manera muy particular y cuesta solo dos de Elixir. Es una tropa invisible a las que solo puedes atacar con Hechizos, que se acerca a las Estructuras y se activa cuando está junto a ellas, desplegando dos Duendes de Lanza.

30

Tanques

- Gólem
- Gólem de Elixir
- Gigante
- Gigante Duende
- Gigante Eléctrico

En muchos casos, estas cartas son muy prácticas para absorber daño y proteger a las tropas que colocarás detrás de ella: tropas aéreas, que hagan mucho daño por segundo, que atacan a distancia, etc. No sucede lo mismo con el Gigante Eléctrico, que funciona mejor si lo acompañas de Hechizos, ya que hace daño a quienes lo atacan en el cuerpo a cuerpo; aunque tiene un apartado que te explicará mejor cómo usar esta carta, suele ser recomendable acompañarlo de un ciclo rápido que lleve el **Rayo** para acabar con Estructuras y el Tornado para acercarle tropas y eliminarlas.

Directas

- Minero
- Excavadora
- Barril de Duendes
- Cementerio

La particularidad general es que las puedes lanzar directamente contra las Torres enemigas. Las dos primeras son similares, aunque el Minero tiene la particularidad de que, al tener muchos puntos de vida, puede tanquearte otras tropas; si utilizas alguna de ellas, es recomendable tener una segunda *win*, como los Rompemuros, que tienen un coste de Elixir bajo.

El Barril de Duendes y Cementerio son muy eficaces si están tanqueados por alguna otra tropa, como un Caballero. De esta manera, podrán dedicarse a tumbar la Torre de forma rápida y eficaz.

Hechizos

En este juego hay una veintena de Hechizos, cada uno con sus particularidades. En general sirven para defender o apoyar un ataque. No suele ser habitual ganar una partida usándolos, pero opciones hay. Se podrían catalogar en tres tipos diferentes:

- Hechizos pequeños
- Hechizos grandes
- Hechizos de apoyo

Hechizos pequeños

Descarga: Es instantáneo, resetea tropas y sirve para aturdir las defensas de tus rivales o limpiar el área de tropas pequeñas.

Bola de Nieve: No es instantánea, pero es el Hechizo que más empuje tiene en todo el juego. Las desplaza bastante y, además, las ralentiza. Necesitarás de mucha práctica para usarla bien. Es óptima para defenderte de mazos de **Globo** o **Montapuercos**. Puedes usarla para hacer que tus tropas lleguen a las Torres enemigas con más facilidad.

Furia: Hechizo instantáneo que hace que tus tropas vayan más deprisa. Desde hace unos años, además, hace daño a tus enemigos. Complica mucho la vida de las tropas defensoras.

Flechas: Es el perfecto limpiador de tropas enemigas, eliminando a todas aquellas que cuestan hasta tres puntos de Elixir, excepto las Legendarias (Bandida y Fantasma). Desde hace algunas actualizaciones, también es capaz de acabar con ellas en su estado evolucionado. Es ideal para hacer *predicts* y anticiparte a tu enemigo.

Paquete Real: Otro Hechizo que requiere de mucha técnica para usarlo bien debido a que tarda unos tres segundos en aparecer. Debilita mucho a las tropas y el Recluta sirve posteriormente de distracción a modo de tanque.

TRONCO: El Hechizo por antonomasia del juego. Es rápido, barato y empuja a todas las tropas.

BARRIL de BÁRBARO: Similar al anterior, pero con menos rango de actuación y con un Bárbaro saliendo al final, que te servirá muy bien para usarlo a modo de contraataque.

TORNADO: Desvía las tropas enemigas al centro del Tornado que provoca. Es excelente para atraerlas hacia la Torre Central y activarla o para juntar tropas y que luego sean atacadas por Verdugo, Dragón Eléctrico, etc.

Vacío: El penúltimo en llegar. Es capaz de acabar con tropas de un valor superior a tres siempre y cuando se encuentren solas; en caso contrario, reparte el daño y es menos efectiva.

Maldición Duende: La última carta en aparecer y la más particular por lo diversa que resulta. Produce daño (poco) a las tropas que afecta en su área, pero además amplifica un 20 % el daño que reciben y las transforman en Duendes si mueren durante los seis segundos de duración. Más adelante está explicada con más detenimiento.

Hechizos grandes

Bola de Fuego: El Hechizo preferido por muchos. Efectiva y sencilla de usar. Hace mucho daño de zona y desplaza a las Tropas pequeñas excepto los tanques.

Terremoto: Ideal para acabar con Estructuras, pero hace poco daño a las Tropas y no afecta a las aéreas.

 **Cohete:** Es el Hechizo que más daño hace, aunque te dejará casi sin Elixir al usarlo. Es complicado de emplear al afectar a muy poca área.

 **Veneno:** Hace mucho daño, más que la Bola de Fuego, pero lo hace de forma progresiva.

 **Rayo:** Es instantáneo y golpea a las tres tropas con más vida dentro del área al que afecta.

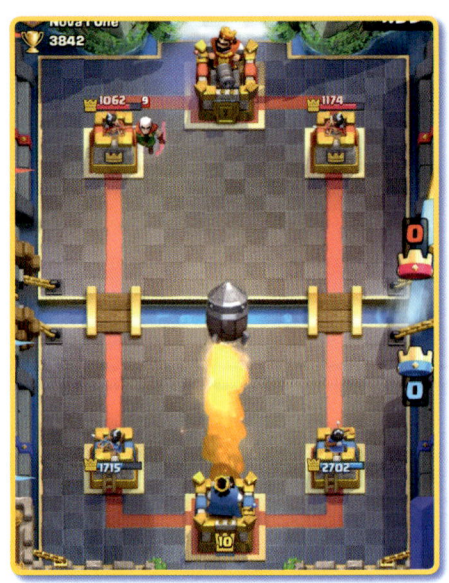

Hechizos de apoyo

 **Hielo:** Congela y debilita a las Tropas rivales durante cuatro segundos, lo que te permite golpear sin ser respondido.

 **Clon:** Clona a todas tus Tropas dentro del rango que afecta, aunque aparecen con muy poca vida (eso sí, en el caso del Esqueleto Gigante o Globo también dejan su bomba de regalo al morir). También puede hacer que las Tropas empujen y lleguen antes a la Torre.

 **Espejo:** Te deja usar de nuevo la última carta que hayas usado, pero con un nivel más del que tenías. Es estupendo para repetir presión con tropas como Bárbaros de Élite o Puercos Reales.

Curiosamente, hay otras dos cartas que no se suelen considerar Hechizos por parte de muchos jugadores, pero que el *Clash Royale* sí las define como tales cuando miras en su descripción: **Barril de Duendes** y **Cementerio**.

El **Barril** se puede lanzar a cualquier parte de la arena y atacar de esa manera cualquier Estructura o Tropa de tu rival, al igual que el **Cementerio**, capaz de generar catorce esqueletos en cualquier parte de la arena.

¿Se puede generar un mazo competitivo SOLO a base de Hechizos?

Como reto es una experiencia divertida con la que aprenderás a emplear mejor los Hechizos y darle un susto a tu rival porque, bien empleados, te pueden servir para ganar partidas.

Este Mazo se compondría, por ejemplo, de **Barril de Duendes + Cementerio + Tronco + Tronco + Veneno + Cohete + Hielo + Rayo**. Puedes llevar a cabo la combinación letal de Hielo, Furia y Cementerio para hacer ataques, e ir ciclando Cohetes cada vez que lance alguna tropa desde atrás y se acerque a su Torre.

CAPÍTULO 3

TIPOS DE MAZOS

Desde que apareció el juego el 2 de marzo de 2016, han ido apareciendo toda una serie de mazos que combinan de muchas maneras las ocho cartas que los componen, que aprovechan al máximo la sinergia de la que tanto hablamos en el capítulo anterior. A continuación vamos a analizar algunos de ellos, los que son más populares, y algunas versiones de ellos. Con el tiempo, conforme vayas jugando, puede que acabes dando con un mazo nuevo con el que te sientas más a gusto, siendo alguna variante de las anteriores.

Presión al puente
(Bridge Spam o mazo de spam al puente)

Se trata de crear un mazo que no deje respirar a tu rival durante toda la partida para que se encuentre siempre en una posición defensiva que no le deje atacarte. Es trasladar al Clash la frase de "La mejor defensa es un buen ataque".

Lo primero que tienes que hacer es escoger un Tanque (Bárbaros, Gólem Elixir, Sanadora, Caballero, Reclutas…) y analizar sus debilidades para complementarlo bien. El **Leñador** es una buena carta, ya que avanza rápido, tiene buena defensa y ataque, y lanza la **Furia** al morir; pero tiene poca vida y no tiene daño de salpicadura o defensa aérea. Así que tocaría escoger alguna tropa con ataque aéreo como Murciélagos, Dragones, Mago Eléctrico, Reina Arquera… Tienes mucho donde escoger, pero recuerda que es mejor si es alguna que haga mucho daño por segundo o de salpicadura, para complementar con el Leñador. Eso sí, necesitaras dos antiaéreas por si el mazo del rival tiene un hechizo fuerte que te reviente la primera de tus cartas. Igualmente, puedes usar una de esas dos tropas para atacar. De modo que dos buenas opciones para el mazo que estamos creando son el **Arquero Mágico** y la **Reina Arquera**. A continuación, deberás elegir una *win condition* que haga daño directo a la Torre enemiga, por lo que deberás buscar una que genere presión: Puercos Reales, Ariete de Batalla o Excavadora son buenas alternativas; si eliges la Montacarneros, contarás con la ventaja de que tiene daño de carga, ralentiza a las tropas enemigas y con la Furia del Leñador hará mucho daño. En cuanto a Hechizos, este mazo requiere solamente de uno, ya que su idea es generar toda la presión posible mediante muchas tropas atacantes. En este caso, las Flechas son una buena opción porque te despejará el campo de batalla y podrás hacer con ellas más de un *predict*. Para acabar, deberás completar tu mazo con cartas de presión del estilo del Mini P.E.K.K.A.,

Bárbaros de Élite… Dos buenas opciones serían el **Fantasma Real**, que hace daño de salpicadura, y la **Bandida**, que hace mucho daño por segundo.

Para sacar una ventaja significativa de este mazo, lo tienes que ejecutar correctamente y de forma precisa. Más incluso de lo habitual

También puedes optar por tener dos Hechizos baratos, como la Descarga Eléctrica y la Furia, o llevar una carta de ciclo, como Espíritus, de un punto de coste de Elixir. Dependerá de ti y de cómo te guste jugar.

Verás que en este mazo no se suele llevar Estructura, pues un *bridge spam* que se precie se centra en atacar y reservar fuerza para el contraataque con tropas, no con elementos que luego no podrás emplear.

Características principales:

- 🏰 **Alta capacidad de ciclado.**
- 🏰 **Desequilibra al enemigo**, que no puede llevar a cabo su estrategia.
- 🏰 **Usa cartas que llegan rápido a las Torres enemigas** y causan daño: Bandida, Ariete de Batalla, Murciélagos, Mini P.E.K.K.A. o Príncipe.
- 🏰 **Coste de Elixir bajo.**

Ejemplo de mazo Bridge Spam
Bandida + Ariete de Batalla + Murciélagos + Mini P.E.K.K.A. + Electrocutadores + Mago Eléctrico + Descarga + Torre Tesla.

Cómo usar un Bridge Spam
Esta estrategia requiere comprender y analizar con el paso de los turnos el mazo del oponente, saber gestionar tu ciclo de cartas y maximizar la efectividad de los ataques que realices. Por ello, se trata de una táctica más común de los niveles más altos del juego y en los torneos.

Gólem de piedra

Lo primero que has de tener en cuenta con este mazo es que no has de jugarlo si no eres una persona paciente. Aparte de eso, proporciona victorias rápidas, sencillas y aplastantes.

Su estrategia básica reside simplemente en ir defendiéndote mientras acumulas Elixir a la espera del último minuto, en el que podrás lanzar tu ofensiva final. Mientras tanto, puedes permanecer atento al desarrollo de la partida, que podría ofrecerte la oportunidad de lanzar una ofensiva rápida con la que debilitar o incluso tumbar alguna Torre de tu oponente.

Otra opción es, si la combinación de cartas que te sale es buena y tu rival te lo permite, lanzar casi de inicio el **Gólem** desde atrás y que te sirva para tanquear al resto de tus tropas. Situadas detrás, algunas piezas como el **Dragón Eléctrico** pueden ser letales para reventar cuantas tropas te lance tu rival.

Pero vayamos por partes. ¿Qué suele acompañar a la figura del Gólem en el mazo? Hay varias cartas claves y fundamentales, y la primera de ellas es el citado **Dragón Eléctrico**. El **Gólem** suele provocar que muchas cartas de tu rival se acumulen a su alrededor, motivo por el que esta carta te ayudará a reventarlas en grupo. Recuerda que impacta hasta un máximo de tres tropas al mismo tiempo. Además, con cada descarga provoca un aturdimiento de 0,5 segundos a las tropas que alcanza.

En segundo lugar, suele estar bien acompañarlo del **Caballero**, es el perfecto tanqueador del tanqueador. Irá asumiendo daño poco a poco y abriendo el camino para el Gólem.

La tercera carta que necesitas es algo que dispare a distancia y que puedas ubicar en la parte trasera del Gólem. Las **Arqueras** son magníficas, sobre todo si están evolucionadas, en cuyo caso son mortales y comprometerán mucho la defensa de tu enemigo. Tampoco va mal la **Lanzafuegos** o el **Lanzadardos**, que ubicados detrás del grupo pueden ser mortíferos.

Y, en último lugar, la **Bruja Nocturna**, que junto a los murciélagos que crea es ideal para defenderte de las cartas aéreas de tu rival y para ir sembrando caos alrededor del Gólem. No es complicada de jugar y sí muy efectiva.

Como irás comprobando, el objetivo de este mazo es crear una comitiva encabezada por el Gólem que se vaya abriendo paso hasta la Torre enemiga. Bien jugado es letal y no requiere de mucha experiencia.

Gólem

Se trata de una de las *win condition* más importantes del juego. Con el **Gólem** en juego, toda la estrategia gira en torno a él y el resto de las tropas solo son un apoyo.

Es de las cartas que más puntos de vida tienen. A pesar de ser lento, su avance es demoledor y cuando conecta con **Torre** no hay quien lo pare. Ten siempre en cuenta el daño que hace al resto de tropas cuando se destruye y explota, causando un daño de área que es capaz de terminar con **Esqueletos**.

Recuerda que la base es avanzar con el **Gólem**, acumular todo lo que puedas detrás de él y en un momento dado atraer a las tropas enemigas con un **Tornado**.

A tener en cuenta

1. Puedes escoger el hechizo que quieras, pero es recomendable que lleves el Tornado por varias razones. La primera de ellas, para activar rápido la Torre Central en el caso de enfrentarte a un mazo de **Montapuercos** o similar. Y la segunda, para recoger todas las tropas enemigas alrededor del Gólem; de esa forma, el daño del Dragón Eléctrico será más efectivo, el Gólem absorberá todo el daño y, además, al dividirse dañará a todo lo que lo rodee.

2. El **Recolector de Elixir** es opcional pero recomendable si decides jugar partidas largas con este mazo. Igualmente, si te enfrentas a **Globo** podrás desviarlo como último recurso usando esta carta.

3. Los **Dragones Esqueleto** también combinan bien y te ayudará contra mazos basados en tropas que vuelen.

4. Puedes escoger asumir daño y comerte todo el ataque de alguna carta que no haga mucho –como la Valquiria– para plantar el Recolector o para guardar Elixir. Te quedarás con una Torre baja de vida, pero si juegas bien podrás lanzar a continuación un ataque devastador con el que cambiar el curso de la partida.

5. No va mal una carta para hacer daño a tropas pesadas. El **Mini P.E.K.K.A.** o el **Príncipe** son una buena opción, ya que tienen bastantes puntos de vida y causan bastante daño, y si por casualidad logra conectar con la Torre, el daño será alto.

6. Si lo tienes, el **Fénix** es otra carta aérea que combina bien con este mazo. Defendiendo al Gólem, te puedes encontrar en más de una ocasión que nadie ataque al huevo que aparece cuando muere –concentrados en el Gólem– y pueda renacer.

42

CONSEJOS

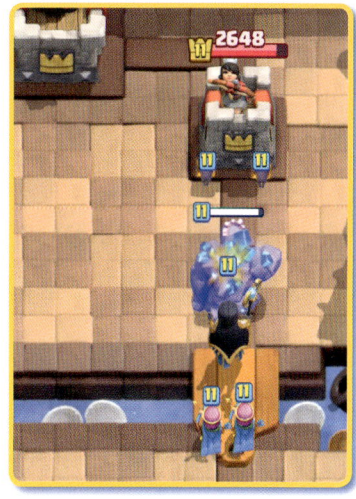

♟ Aunque **lo habitual es lanzar el Gólem des-de la parte de atrás** para ir juntando tropas en la comitiva, avanzada la partida y en medio del desorden que se puede organizar, te puedes permitir el lanzarlo al puente o incluso más ade-lante si ya has tumbado una de sus Torres.

♟ **Aprende a asumir daño en la Torre**, con este mazo y con cualquier otro. Son gajes del oficio. Has de saber en todo momento en qué punto de la partida estás y aprender a aceptar daño.

♟ **En el caso de enfrentarte a un mazo *Log Bait* o de ciclado rápido, no tendrás más remedio que esperar al doble de Elixir.** Paciencia, de lo contrario estarás perdido. De-fiende, defiende y defiende. Intenta ver si tu rival tiene alguna flaqueza en su mazo y espera tu momento.

Paciencia... ¿o tal vez no?

Si te sale el Gólem de mano, puede que te interese jugártela y lanzarlo como primera jugada. Eso dependerá de ti, de tu forma de ser y lo que te puedas jugar en la parti-da. Hubo un tiempo en el Meta en el que se jugó mucho una versión del mazo que se prestaba a ello. Se trata de, aparte de la habitual **Bruja** y el **Leñador**, juntar a los **Bárbaros de Elite** con **Flechas** y **Descarga**, una carta aérea como el **Megaesbirro** y el **Bombardero**. Si te sale del Gólem de mano, puedes lanzarlo reservando los Élite para defender, y siempre son una buena carta para lanzar un ataque por la otra Torre y sorprender (con el Megaesbirro y el Leñador pueden conformar un ataque letal).

Tu peor enemigo

En este caso se podría decir que son dos. Por un lado, la **Torre Infierno** pue-de ser complicada de atacar porque te puede destruir el Gólem gastando solo cinco de Elixir si no la sabes enfrentar bien. Tienes que analizar el resto de cartas del rival y ver cómo hacerle frente.

Por otro lado, el **Gigante Eléctrico** es otro enemigo complicado. Para vencerlo, lo adecuado es intentar activar la Torre Central o lanzarle la car-ta que más daño haga en cuerpo a cuerpo. Un **Mini P.E.K.K.A.** o el **Príncipe** serían dos buenas opciones si las tienes.

Opción poco convencional

Otro mazo particular que puedes probar es el de **Gólem** con **Sanadora** y **Pescador**, acompañado de **Leñador**, **Baby Dragón**, **Tornado**, **Dragón Eléctrico** y **Barril de bárbaro** como hechizo.

La idea es la de disponer de Tornado y Pescador para acercar las tropas de los rivales, hacer que la Sanadora las reviente mientras cura al Gólem y al resto de tropas. El Baby Dragón no es una mala carta para, una vez juntadas las cartas de tu rival, ir destruyéndolas desde el aire.

Puedes probar, es un mazo caro que cuesta más de cuatro puntos de Elixir y un poco más complicado de manejar, pero una variante interesante y diferente.

Usar el **Barril de bárbaro** como hechizo es práctico con este mazo, ya que te ayuda a terminar con cualquier tipo de estructura que te pueda plantar en mitad de su escenario (en este caso, el Pescador también resulta práctico) o con tropas como el **Mago** o la **Lanzafuegos** emplazados detrás de alguna otra que haga de tanque.

Hechizos

Como se mencionaba antes, el Tornado es una buena opción. Pero también el **Barril de bárbaro** o incluso el **Rayo** –eficaz para derribar estructuras que coloquen frente a tu Gólem y terminar con enemigos de peso–, o el propio **Terremoto**. Pero en ese caso, en el de tener un segundo hechizo, olvídate de incluir una Estructura como el Recolector.

Mazo loco de Gólem de piedra

Consiste en intentar plantar dos Gólems de Piedra sobre la arena usando el **Espejo** y el **Recolector**. Una vez más, la idea es ir defendiendo con paciencia a la espera de generar el suficiente Elixir como para lanzar ese ataque mortal, combinado con el resto de cartas de apoyo. Si tu rival te lo permite, puedes intentar colocar dos Recolectores en la fase inicial de la partida para ir ganando tiempo y Elixir. No es sencillo de manejar, pero sí divertido, y con un poco de experiencia ganarás incluso con facilidad. Simplemente, y más que nunca, ten paciencia y defiende bien.

IMPORTANTE

Si consigues plantar dos Recolectores, tendrás casi cualquier partida ganada. La diferencia de Elixir que generarás a partir de ahí es abrumadora y podrás ganar lanzando cualquier tipo de ataque. Por cierto, como podrás ver en la imagen, en una partida jugada se llegaron a plantar hasta **OCHO** Recolectores.

Montapuercos

El **Montapuercos** es una de las cartas más usadas de este juego, junto con algunos Hechizos como **Flechas**, **Tronco** y **Bola**. De modo que es normal que los mazos conformados con esta unidad sean de los más populares y, seguramente, eficaces del juego.

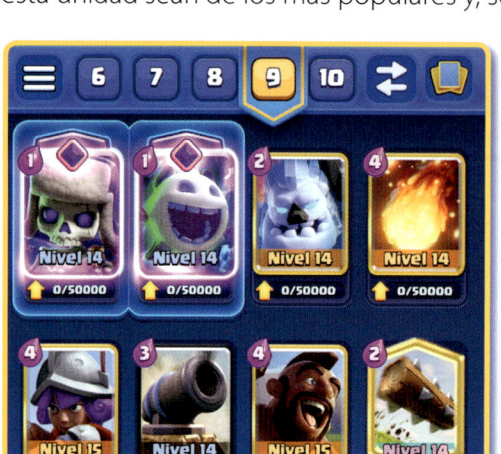

Y de entre todas las opciones, la más empleada es el denominado 2.6. Y es que hubo una época en que hubo 250.000 personas jugando al mismo tiempo este mazo, lo que dice mucho sobre su popularidad. El mazo comenzó a decaer conforme hicieron balances de cartas y aparecieron las cartas evolucionadas.

La idea de este mazo consiste en marear a tu rival mientras le vas lanzando el Montapuercos una y otra vez, defendiéndote de todos sus ataques con piezas de valor pequeño.

Se basa, como habrás deducido, en un **ciclado extra-rrápido**. Su uso acaba siendo tedioso para tu oponente, que puede ver cómo sus ataques quedan en nada, mientras tú te dedicas a reventar su Torre poco a poco.

Es una buena forma de subir de copas si no te cansa jugarlo una y otra vez.

Un mazo clásico de Montapuercos –usando un Campeón– es el de **Esqueletos** (evolucionados a ser posible), Principito, Gólem de Hielo, Cañón, Bola, Tronco y Espíritu de Hielo. Lo habitual suele ser tener a la Mosquetera o la Lanzafuegos

La clave de este mazo

Es un ciclado rápido, por lo que vas tirando una carta tras otra hasta que te llegue el Monta. Lo lanzas, y otra vez a comenzar. Has de ser paciente, estudiar a tu rival y detectar la mejor opción de romper sus defensas. Pero sobre todo: ¡cicla!

(sobre todo si la tienes evolucionada) en lugar del Principito, pero en ambos casos la estrategia no varía mucho.

Como decía, la base consiste en lanzar tu Monta de manera continuada, mientras en defensa vas usando el Cañón para atraer a las tropas del enemigo al centro, para de esa forma acabar con ellas con ambas Torres. Además, a poco que puedas, en el caso de unidades con mucha vida, podrás intentar atraerlas hacia la Torre Central para activarla.

En el caso de defensas cerradas, sobre todo con estructuras, guárdate tu Bola de Fuego para lanzarla justo con el Monta. De esa forma podrás tumbarlas antes de tiempo y tener opción de acabar golpeando la Torre enemiga.

Recuerda que...

Puedes lanzar el Montapuercos desde el centro del tablero porque salta el río central sin necesidad de utilizar los puentes. Es de las pocas cartas que pueden hacerlo. De esta manera, sorteará las tropas que puedan estar pasando por los puentes.

En el caso de enfrentarte a un mazo de *Miner-control* con estructura, deberás usar el Principito en el puente si quieres que te sea útil y tener más paciencia que nunca, incluso para terminar ganando la partida a base de lanzar Bolas de fuego; recuerda que, al tener un Campeón en el campo, las cartas te ciclarán con mayor rapidez y tú le irás haciendo más daño a base de bolazos que él con su minero.

Técnicas básicas del 2.6

1. Lanza el **Espíritu de Hielo** antes del Monta para, de esa manera, petrificar la Torre o cualquier cosa que pueda lanzarte, y así poder golpearla alguna vez más.

2. Como en el caso del mazo *Miner-control*, se trata de tener paciencia, de golpear poco a poco. En copas superiores, en cuanto detecten tu mazo, se prepararán para defenderse bien de él y te será cada vez más complicado alcanzar la Torre. En resumen: olvídate de derrumbarlas de un solo ataque y prepárate para un largo asedio.

3. Saca el **Gólem de Hielo** a pasear. En cuanto veas a la figura enemiga que quieras distraer, posiciona tu Gólem en el punto justo para hacer que lo persigan, obligándole a pasar por delante de tus Torres, que lo acribillarán sin piedad.

4. Si la partida lo permite, cicla cartas como el Tronco con la intención de tener el Monta en tu mano.

Alternativas

Todas las que quieras y tantas como cartas hay en el juego. Pero, sobre todo, no es mala la opción de jugar **Arqueras** evolucionadas en lugar de **Principito** o **Lanzafuegos**. De todas formas, recuerda que el mazo básico de 2.6 es jugando con Mosquetera.

2.6 CON BÁRBAROS EVOLUCIONADOS

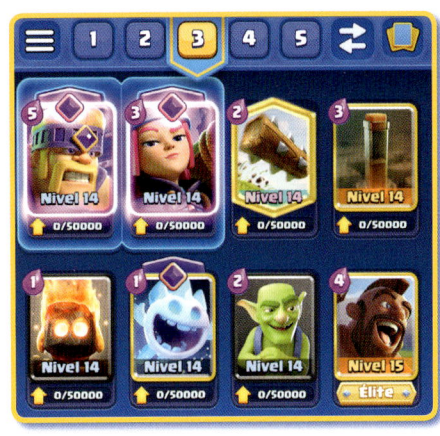

Si tienes los Bárbaros evolucionados, no es mala opción jugarlos junto a la Lanzafuegos evolucionada, Terremoto, Tronco, Espíritu de Hielo, Espíritu de Fuego y Duendes. Es un ciclado muy rápido, cuyo mayor *counter* es cualquier mazo con muchas tropas aéreas, como **Sabueso de Lava**.

Consejo

Si jugaras contra mazo *Log Bait* y te quedases sin Tronco, podrías derrotar al Barril de Duendes lanzando al mismo tiempo los dos Espíritus y con el empuje eliminas a los tres. Se necesita práctica, pero es bastante eficaz. También puedes empujar el Espíritu de Fuego con el Monta.

EL CLÁSICO 2.6: CON MOSQUETERA

Sea como sea, el mazo original de Monta es con Mosquetera. Tiene un poco más de gracia porque es una pieza que puede jugar defensivo y agresivo, ofensiva y defensivamente, dando mucho juego.

Consejo

Divide los ataques. No vayas siempre a por la misma Torre y despístale. Incluso ataca al mismo tiempo por ambos lados para jugar con su mente. Puedes lanzar por un lado al Principito adelantado junto a su habilidad del Guardián y, por el otro, al Montapuercos y al Espíritu de Hielo.

Log Bait

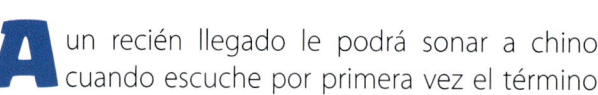

Aun recién llegado le podrá sonar a chino cuando escuche por primera vez el término *Log Bait*, pero no tardará en darse cuenta de lo que se trata: un mazo rápido y barato de usar que tiene por misión que tu enemigo se gaste los hechizos en objetivos que no sean el Barril de Duendes. Es cierto que la aparición inicial de la Torre de Princesa bajó un poco su efectividad, pero su último *nerfeo* y las nuevas cartas aparecidas le han devuelto la popularidad.

El mazo básico comprendía el **Barril de Duendes**, **Pandilla**, **Princesa**, **Cohete**, **Espíritu Hielo**, **Torre Infernal**, **Caballero** y **Tronco**. Con este mazo, la idea es ejercer una presión constante, defendiéndote con el Cohete en el caso de recibir un ataque fuerte. Con el *nerfeo* de la Torre Infernal, esta versión del mazo ha quedado un poco en desuso.

Una variante es usarlo con **Príncipe** para añadir presión y eliminar la Torre Infernal o el Caballero, aunque en general puedes usar cualquier carta que veas que es capaz de ejercer presión. De modo que usa la que te resulte más sencilla de emplear. También puedes prescindir de la Princesa y llevar el **Lanzadardos** o la **Lanzafuegos** evolucionada.

El uso de este mazo es muy sencillo. Tienes el Caballero para ir tanqueando todo lo que te lancen en ataque y volver loco a tu rival persiguiéndolo, con una Princesa que bien puede ir al puente para ejercer presión o bien delante de la Torre Central para defender cuando sea necesario.

Una buena alternativa es emplear los **Rompemuros**, una carta que ejercerá una presión especial sobre tu rival intentando acabar con ellos, o incluso el **Ariete**, que podrás usar ofensiva o defensivamente. El **Barril de Esqueletos** es otra buena opción.

Origen del término

Viene de las palabras **Log** ("Tronco") y **Bait** ("Cebo"), en referencia a las cartas que se lanzan como cebo para que lances tu **TRONCO** (o cualquier hechizo de daño de área que tengas) para poder disponer de tropas que te hagan daño al no poder ser contrarrestadas con hechizos.

Consejos básicos para usar este mazo

1. **Administra bien tu Elixir**. El mazo *Log Bait* se compone de cartas de bajo coste, así que deberás administrar bien tu Elixir para poder presionar al oponente y, al mismo tiempo, defender tus torres. Para esto último tienes al Caballero.

2. **Sé paciente**. Tendrás que aprovechar las oportunidades para presionar al oponente, pero no te apresures. Espera el momento adecuado para lanzar tus cartas.

3. **Utiliza el Tronco con precisión**. Es una carta clave en este mazo, úsalo para acabar con las cartas de bajo Elixir del oponente y, si es necesario, limpiar el campo de batalla de tropas enemigas.

4. **Protege tus cartas clave**. Tendrás que mantener tus cartas de apoyo a salvo, como la Princesa o el Duende Lanzadardos, para que no sean eliminadas fácilmente. En este caso, se requiere de una especial habilidad para manejar este mazo, ya que tu oponente conocerá rápidamente su mecánica, por lo que deberás hacerlo con una habilidad extrema. Ve probando y adapta tu estrategia dependiendo del estilo de juego de tu oponente.

Con la nueva evolución del Mago, es una buena táctica emplearlo en combinación con el Príncipe para poder enfrentarse con tropas fuertes y en un momento dado aprovechar para, por ejemplo, cambiar de línea y romper la estructura de tu rival.

Variantes y posibilidades de este tipo de mazos hay muchas. Tantas que merecería dedicarle un libro entero, por lo que puede que en un futuro retomemos el tema para comentarlo con más profundidad. Ten en cuenta que la aparición de la carta del **Arbusto Sospechoso** ya supone de por sí un cambio importante, puesto que se puede emplear perfectamente dentro de este tipo de mazos.

Leñador globo

Se trata de un mazo que, como su nombre bien indica, usa dos cartas que se complementan muy bien: el **Leñador** y el **Globo**. A partir de ahí, el resto de cartas que quieras utilizar deberán ser lo más baratas de Elixir posible con el fin de que cicles rápido y te vaya saliendo el Leñador y el Globo. Es interesante usar el **Espíritu de Hielo** para lanzarlo en el momento ideal para congelar la Torre enemiga y cartas como la **Princesa**, que sirve para ejercer presión en el puente. A todo ello puedes añadirle,

por ejemplo, **Murciélagos**, **Duendes**, **Barril de Bárbaro** y **Bola de Nieve**, con lo que te quedará un mazo 2.6 muy rápido de ciclar.

Lo principal de este mazo de ciclado tan rápido es saber utilizar bien tus cartas de bajo coste de manera defensiva. A partir de ahí, ahorra Elixir y lanza tus ataques cuando veas que a tu rival le escasea.

Obviamente, la idea principal de este mazo es lanzar al **Leñador** contra la Torre enemiga y, cuando este muera, que el **Globo** aproveche su **Furia** para golpearla inmisericorde. Y si de paso el **Espíritu de Hielo** logra golpear y congelar, el ataque será más devastador todavía. Para rematar el asunto, está la bomba que deja tu Globo al morir, que afectará también a las unidades enemigas cercanas.

Puedes optar por meter alguna estructura si lo deseas para poder defenderte mejor de mazos con cartas como el **Gigante Noble**, **Montapuercos** o **Sabueso de Lava**. Igualmente, si aprendes a manejar con habilidad esta versión, no es realmente necesario llevarla porque podrás ciclar de forma rápida tus cartas en defensa y enfrentarte a todo lo que te lancen.

TRUCO

Si te lanzan la **Mosquetera** para defender disparando desde el centro al **Globo**, es muy sencillo lanzarle una **Bola de Nieve** que la desplazará lo suficiente como para cambiarla de línea y que, de esta manera, no golpee al **Globo**. Requiere tan solo de un poco de práctica para ejecutarlo con precisión.

OPCIÓN 2

Una buena variable es usar junto a **Globo**, **Leñador** y **Espíritu de Hielo** a los **Esqueletos Evolucionados**, con **Tronco** como hechizo pequeño, **Congelación** como hechizo grande y **Cazador**. Puedes escoger las **Flechas** si te da miedo la **Lanzafuegos**, o el **Fénix** en lugar de Cazador.

Con este mazo tienes muy fácil activar la **Torre Central** gracias al **Pescador** y utilizar el **Globo** con todo su potencial usando la **Congelación**. Igualmente, lo más interesante es analizar el mazo del rival para ver qué opciones tiene para defenderse de tu Globo y ser consciente de que es un mazo que cicla muy rápido al ser un **3.0**.

OPCIÓN 3

Tienes la opción de hacer un mazo con un ciclado todavía más rápido usando **Globo**, pero dejando de lado al **Leñador**. Se trata de usar a la **Mosquetera** y rotarla a gran velocidad, pues es una carta muy versátil que ataca y defiende a la perfección, acompañándola de los **Esqueletos** y el **Caballero** evolucionados (o **Valquiria**, si quieres algo más de daño de salpicadura), el **Espíritu Eléctrico** (o el espíritu que prefieras), **Bola de Nieve**, **Cañón** como estructura barata y **Príncipe Oscuro**.

Si te sale de mano el **Globo** no es mala idea el jugarlo de primeras para ver qué sucede. Puede que sorprendas a tu rival sin cartas aéreas con las que defenderse. Igualmente, si te defendiera el **Globo** de forma constante, tienes a la **Mosquetera** y el **Príncipe Oscuro** para iniciar un ataque por tierra tanqueando con el Caballero y acompañado por los Esqueletos.

La gran velocidad de ciclado de este mazo hace que al llegar al doble de **Elixir** te puedas encontrar fácilmente con dos **Mosqueteras** sobre el campo de batalla, o dos **Cañones**, lo que hará que consigas una gran ventaja en defensa que te impulsará en ataque sin ni siquiera tener que usar el **Globo**.

Consejos básicos para usar este mazo

1. **La primera regla de este mazo es muy básica: combina siempre que puedas el Leñador y el Globo.** Esta estrategia se basa en enviar el Globo acompañado del Leñador. El Leñador limpiará el camino de tropas defensoras y permitirá que el Globo llegue directamente a la Torre enemiga. Obviamente, cuando suelte su Furia, tu Globo avanzará más rápido.

2. Sé paciente. Es una regla fundamental en este juego, pero aquí más. Sentirás la tentación de mandar el Globo en cuanto lo tengas, pero deberás esperar al momento adecuado. Observa a tu rival, mira cómo se defiende de tus ataques y busca el momento oportuno para lanzar el Globo.

3. Apoya tu ataque. Necesitas cartas de apoyo para proteger al Globo mientras avanza hacia la Torre enemiga. Puedes elegir, pero son recomendables cartas como **Esbirros**, **Megacaballero** o **Dragón Infernal** para defender al Globo de las tropas enemigas.

4. **No te olvides de defender.** Sí, la idea es atacar a tu enemigo con todo lo que puedas, pero te tienes que asegurar de tener cartas defensivas para protegerte de los ataques enemigos. Cartas de estructuras como la **Torre Infernal** o el **Cañón** son ideales, así como algún hechizo del estilo del **Tornado**. Usa el menor Elixir posible, acumúlalo defendiendo y asume daño en tus Torres y, cuando veas el momento, lanza tu ataque.

5. **Ve adaptando tu estrategia:** Observa cómo responde a tus ataques y ajusta tu táctica en función de ello. En más de una ocasión te puedes encontrar con la necesidad de lanzar ataques terrestres si tu oponente tiene muchas cartas de defensa aérea.

6. **Realiza si quieres un ataque preventivo inicial** para ver cómo se defiende, pero si ves que tiene muchas cartas aéreas, como se mencionaba antes, espera tu momento.

7. Es un mazo donde **es muy importante calcular el Elixir gastado por tu rival.** Siempre lo es, pero en este caso, más. Si te defiende o ataca gastando siete-ocho de Elixir, será un buen momento para lanzar ese ataque fulminante.

Gigante eléctrico

Es un mazo que se maneja de manera similar al del Gólem de Piedra. Como aquel, lo más importante es combinarlo con cartas que lo complementen y con las que puedas sacarle todo su potencial. En este caso, el Gigante Eléctrico es la carta principal que ejerce el papel de tanque, con la ventaja añadida de que provoca daño de área y es capaz de resetear Torres y tropas enemigas.

Un ejemplo de mazo con Gigante Eléctrico es el compuesto por **Mago Eléctrico** (para defenderte de tropas enemigas aéreas y mantener en general a todo el mundo a raya), **Dragón Eléctrico** (más ataque aéreo, con el aliciente de su ataque en cadena), **Tornado** (como en el mazo del **Gólem de Piedra**, para agrupar tropas enemigas), **Leñador** (daño rápido más Furia), **Bárbaros de Élite** (perfecta para defender y contraatacar) y **Torre Tesla** (defiende y apoya a tus tropas en su avance).

La idea de este mazo es acumular Elixir e ir defendiéndote de lo que te lance tu rival, hasta lanzar tu ataque con el Gigante Eléctrico desde atrás para ir potenciando tu *push*. En cuanto puedas, tienes que complementar el ataque con el Dragón Eléctrico y el Mago Eléctrico. Con la llegada del x2 de Elixir, tu mazo se volverá temible.

Una buena alternativa al mazo anterior es usarlo con Arqueras Evolucionadas, Principito, Lanzarrocas, Tornado, Rayo, Barril de Bárbaro y Lápida. Consiste en un 4.0 que se basa en ir viendo cómo es el mazo del rival y atacar en el momento justo. Defiende bien con los Hechizos, Principito y Lápida, y te permite lanzar ataques incluso desde el puente, una vez tengas las Arqueras evolucionadas en ciclo.

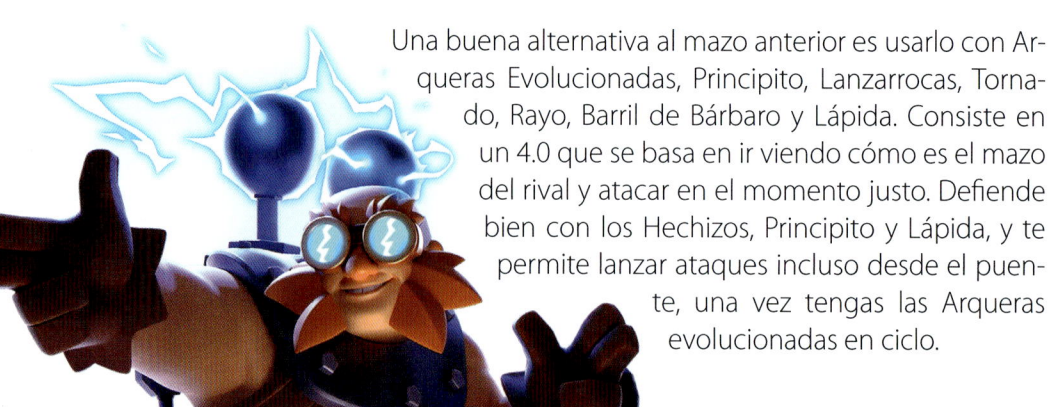

56

También lo puedes jugar con un mazo 3.6 mucho más rápido, combinándolo con Esqueletos y Bombardero evolucionados, Reina Arquera (o Principito), Terremoto, Tornado, Lápida y el Príncipe. Es un mazo efectivo pero complicado de manejar, que se basa en destruir posibles Estructuras con el Terremoto, defenderte de cartas aéreas con la Reina Arquera y usarla detrás del Gigante Eléctrico en un posible *push* junto al Príncipe.

Pero si lo que quieres es una versión rápida y efectiva del Gigante Eléctrico, puedes optar por la 2.9, uno de los ciclos más rápidos que puedes conseguir con esta carta. Se trata de combinarlo con Tornado, Espíritu de Hielo, Terremoto, Tronco, Bombardero, Esqueleto y Torre Tesla.

Gigante eléctrico

Fue la carta número cien del juego en aparecer y lo hizo el 5 de octubre de 2020 durante el Desafío de elección del Gigante Eléctrico, pudiéndose adquirir mediante cofres a partir del de noviembre de 2020. Inicialmente costaba ocho de Elixir, pero en su momento se bajó a siete.

Positivo: El Gigante Eléctrico derrota con facilidad a tropas con pocos puntos de vida y un **Dragón Infernal** o una **Torre Infernal** mal colocados resultan ineficaces.

Negativo: Es vulnerable a tropas que causen mucho daño, como el **Mini P.E.K.K.A.**

Imprescindible: El **Tornado**, para atraer a las tropas hacia el Gigante y que reciban daño.

57

Importante

Los mazos de **Gigante Eléctrico** son mazos defensivos que requieren paciencia, por lo que no los juegues si te impacientas esperando el momento de lanzar tu ataque. Si surge la oportunidad, aprovéchala; en caso contrario..., espera. Deberás ver cómo es el mazo del rival y buscar la forma de atacarlo.

No resulta efectivo atacar con tropas bajo el efecto de la Furia, ya que al entrar en el radio del Gigante Eléctrico el daño que reflejará será mayor y las tropas que lo atacan con más rapidez también serán destruidas más rápidamente. Sus ataques tampoco se ven afectados por los efectos de las tropas *ralentizadoras*, aunque sí se moverá más lento todavía. La idea es ciclar rápido al Gigante usando el **Terremoto** para quitarte las estructuras de en medio y que llegue más rápido a la Torre enemiga. Se puede defender bien con el propio Gigante Eléctrico y la **Tesla**, y lanzar constantemente al Gigante conforme entran en rotación –ya que no cuentas con tropas para acompañarlos y has de ir trazando un poco su camino– y que vayan devolviendo daño a quienes los atacan. Es un mazo especialmente indicado para impacientes que no pueden aguardar al x2 de Elixir, dado que la idea es lanzar al Gigante una y otra vez contra tu enemigo. Eso sí, es un mazo complicado de jugar, puesto que has de combinar bien la defensa con el ataque y tendrás que saber cuándo jugar la Tesla en ataque situándola en el puente

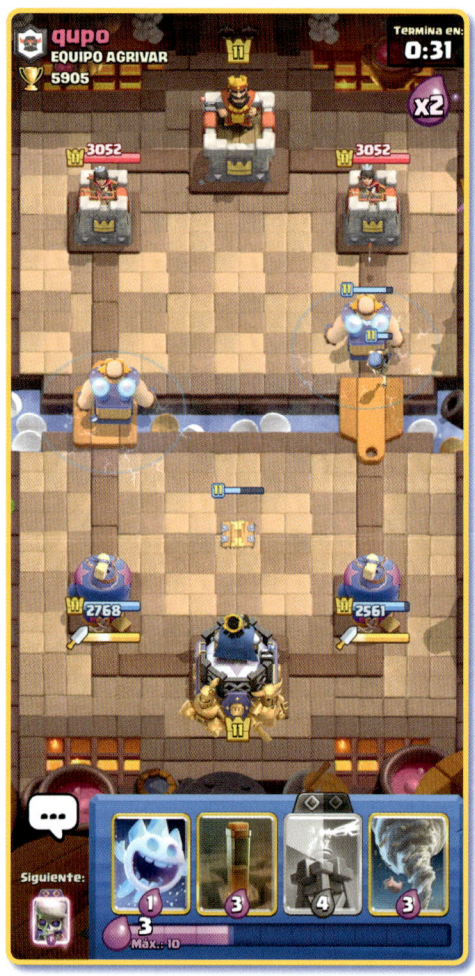

para apoyar a tus tropas y usarla casi como si fuera una Mosquetera. Con este mazo es cuestión de tiempo el que acabes viendo a dos Gigantes Eléctricos en juego.

Mazo cohete 2.9

Quién no se ha hecho en alguna ocasión la pregunta de si es posible reventar al enemigo a base de misiles, es decir, a cohetazo limpio. ¿Es posible? Sí, es posible, pero has de equilibrar tu mazo al máximo y, sobre todo, saber defender a la perfección con el resto de tus cartas.

Se basa en el mazo básico de cartas de ciclado rápido que se usaba en su momento con el **Minero** y el **Veneno** para atacar la Torre enemiga (más tarde fue **Barril** con **Veneno**), y que ahora se puede combinar perfectamente con el **Cohete**, ya que la **Princesa de Dagas** defiende cualquier ataque de aquellas cartas a la Torre.

Mazo (2.9): Torre Tesla y Esqueletos evolucionados + Espíritu de Hielo + Principito + Caballero + Tronco + Princesa + Cohete (cómo no).

Es uno de los mazos más asquerosos que se pueden conformar en el juego, pues se trata únicamente de defender, defender y defender. Se colocan Princesas en el puente para dañar un poco la Torre, se distrae a todo lo que te tiren con el Caballero y los Esqueletos, se van emplazando las Teslas en defensa. A partir de ahí, se cicla hasta tener los Cohetes.

Entre la Torre de Princesa de Dagas y las Teslas puedes ir defendiendo a la perfección, mientras vas poniendo tus Princesas en el puente, sacas tu Principito desde atrás cuando puedas y, lo principal, tiras tus Cohetes sobre su Torre.

Si mantienes el Principito en el campo de batalla, por su condición de Campeón, ciclarás antes los Cohetes (recuerda que, en ese caso, te vendrán cada tres cartas).

Teniendo en cuenta que un Cohete nivel 15 hace 541 puntos de daño y que una Torre de Princesa de Dagas a nivel 15 tiene 4013 puntos de vida, verás que te bastan 7,5 proyectiles para tumbarla a puro golpe de Cohetes.

Llegado el caso, puedes defender con las Princesas desde atrás. Será necesario si tu rival decide no lanzar sus tropas desde detrás de sus Torres y, al no poder darles tú con el Cohete, consigue juntar un *push* potente que pueda con tu ciclado rápido.

Es un mazo divertido de jugar con el que, al menos, aprenderás a lanzar bien los Cohetes y acertar, ya que el rango que tienen es muy pequeño.

La mayor dificultad radica en intentar alcanzar con el Cohete las tropas enemigas cuando pasan por delante de su Torre de Princesa, debido a que de esa forma matas dos pájaros de un tiro. El mencionado poco radio de acción del Cohete te lo dificultará.

Indispensable

Tener la evolución de la **Torre Tesla** para poder defender bien.

Curiosidad

En este caso, se trata de ganar con Hechizo, no con una *win condition*.

OPCIONES

Puedes jugar variaciones de este mazo con Minero y Veneno (acompañado por ejemplo de Mago y Espíritu Eléctrico, con el Caballero, Esqueletos, Tronco y la Tesla), o usando Taladro y Veneno en lugar del Cohete (con Princesa, Tronco, Esqueletos y Principito, con Caballero y Tesla evolucionados).

Este mazo te puede resultar mucho más sencillo de usar, cambiando simplemente el Cohete por el Veneno.

En mayo-junio de 2024 fue el mazo más usado a nivel mundial.

61

CAPÍTULO 4

CARTAS EVOLUCIONADAS

Cada cierto tiempo, *Clash Royale* hace alguna actualización pequeña para seguir motivando a sus seguidores a continuar participando en el juego. La aparición de los Campeones fue una de ellas, como lo fue la decisión de crear las **cartas evolucionadas** en la actualización del pasado mes de junio de 2023.

De este modo, un aliciente cada mes con la llegada de la nueva temporada es saber qué carta o cartas sufren esa evolución. Es algo que mantiene en vilo a los jugadores y sobre lo que cada *influencer* hace sus apuestas personales.

Las **evos** significaron un cambio radical en el modo de jugar de mucha gente, ya que, en el caso de algunas cartas, su versión evolucionada podía condicionar por completo el juego. En el caso de los **Esqueletos**, pueden vencer en cuestión segundos a un **P.E.K.K.A.** (con la diferencia evidente de gasto de Elixir: 1 a 7), mientras que el **Mortero** lanzando sus **Duendes** puede acabar en varios golpes con las Torres. De este modo, las estrategias cambian por completo, así como el valor de las cartas, que amplían su gama de uso, pudiéndose emplear en defensa en su versión normal y en ataque en la evolucionada, o viceversa. Un ejemplo sería el **Gigante Noble**, que podrías usar primero para absorber daño como tanque y, una vez evolucionado, como arma de destrucción masiva.

Curiosamente, los **Rompemuros** y el **Bombardero** salieron evolucionados juntos en la temporada de la **Doble Evolución** y, aunque parecían realmente potentes, al final los *nerfearon* al instante y se quedaron en nada. En el fondo, el mayor problema es que ambas cartas no tienen habilidades únicas sino adquiridas de otras cartas. Es decir, cuando piensas detenidamente en ello, el Bombardero es como un Arquero Mágico y los Rompemuros como un Ariete sin evolucionar, ya que lo único que hacen es seguir yendo hacia la Torre.

El **Espíritu de Hielo** tiene el dudoso honor de ser considerada la peor evolución, hasta el punto de estar internet lleno de memes y chistes al respecto, y ya desde el principio, cuando salió el video de presentación. Y es que el tiempo de espera que hay entre cada congelación hace que pierda utilidad, sobre todo porque para su tercer salto la carta objetivo ya suele estar muerta. Tampoco van muy atrás en el top de peores evoluciones los **Murciélagos**, que tienen una buena habilidad, pero que les resulta inútil: se curan a un buen ritmo, pero para ello necesitan estar golpeando, por lo que, al margen de ser muy sensibles a hechizos pequeños, son inútiles contra tropas que disparan a cartas aéreas.

El **Gigante Noble** fue una de las primeras cartas en recibir una evolución. La parte más negativa es que se trata de una *win condition*, por lo que has de crear un mazo que lo acompañe y su habilidad solo sirve para hacer más daño. Incluso en el caso de lo inútil de la evolución de los Murciélagos, al menos se trata de una carta que puedes utilizar en ataque, en defensa y acompañando a otras. El Gigante Noble no, solo ataca. Eso sí, evolucionado se defiende… ¡a sí mismo! (Sin necesidad de cartas de apoyo).

Los **Reclutas Reales** sirvieron en su momento para traer de vuelta al juego a una carta muy poco usada. Frente a los siete de Elixir que costaban los Reclutas, era preferible usarlo en otras cartas más eficaces como el P.E.K.K.A. o el Magacaballero. Su evolución les añade la habilidad de *carga*, lo que bien usado puede ser interesante. Igualmente, tampoco es de las evoluciones más empleadas.

Los **Bárbaros** son buenos defendiendo, atacando e incluso apoyando, y la **Furia** que obtienen al evolucionarse puede hacer que muchos vean en esta una buena carta para jugar.

El **Mortero** evolucionado es toda una singularidad. Es una carta que puede servir de ataque (no deja de ser una *win condition*), defensa y, por si fuera poco, de apoyo lanzada al puente para acompañar un ataque. Bien jugada es una carta definitiva porque muchos rivales no saben cómo enfrentarse a ella, por lo que has de apoyarla bien. Evolucionado tiene un impacto doble, ya que hace el daño de la bala y el del Duende que suelta al mismo tiempo.

Las **Arqueras** evolucionadas son óptimas para acompañar a cartas como el **Gólem de Piedra**, pero en el fondo no dejan de ser como un **Lanzadardos**. A pesar de ello, es otra de esas cartas que sirven para defender, atacar y apoyar, y el que hagan más daño desde lejos las convierte en una evolución muy a tener en cuenta. Es una pena la poca vida que tienen (antes de ser corregidas, no morían de Flechas cuando estaban evolucionadas y eran letales).

La **Valkiria** evolucionada es muy buena a la hora de defender. Al hacer daño de área y atraer a las cartas, te da juego para emplearla de muchas maneras. Necesitas combinarla bien para que resulte efectiva.

El **Caballero** evolucionado ha disminuido un poco su uso por parte de la gente tras ver bajada su vida y algu-

nas de sus habilidades. Antes de su *nerfeo* era de las preferidas al ser perfecta para ser empleada como tanque.

Por su parte, la multiplicación de los **Esqueletos** evolucionados te puede hacer perder partidas si no estás atento y dejas que se reproduzcan alcanzando tus Torres o cartas como el P.E.K.K.A. Su habilidad consiste en invocar un esqueleto adicional con cada golpe que asesta, hasta un máximo de ocho (inicialmente eran seis). Se necesitan tres ciclos para jugarlos.

El **Mago** evolucionado tiene el mismo daño, la misma vida y la misma velocidad de ataque que en su versión normal. ¿Qué cambia? Lo que varía es el escudo de vida que le aparece y que, a nivel 14, lo protege al absorber 491 puntos de daño. Además, al explotar causa 306 puntos y empuja a las tropas más ligeras. En su modo evolucionado puede resistir hechizos mayores, como la Bola de Fuego o incluso el Cohete. Es muy efectivo contra el **Sabueso de Lava** al hacerle mucho daño y eliminar con su daño de salpicadura a los cachorros.

La **Lanzafuegos** dispara chispas explosivas que hacen daño de área y por segundo, convirtiéndolas en una carta de apoyo definitiva en muchos mazos, ya que desde la retaguardia va eliminando todo cuanto se ponga a su alcance. En un principio, también era resistente al ataque de Flechas, lo que las convertía en una carta muy molesta, pero al cabo de unos meses se les redujo la vida.

 El **Gigante Duende** evolucionado está resultando ser una buena carta, pues es una tropa muy práctica, ya que cuando acaban con el 50 % de su vida comienzan a caer Duendes de su mochila a gran velocidad. Por su parte, la **Excavadora** evolucionada desaparece bajo tierra cuando recibe un 66 % de daño generando dos Duendes y aparece a 90° alrededor de la Torre desde donde desapareció, haciendo lo mismo al alcanzar el 33 % de sus puntos de vida (generando esta vez un solo Duende). Si no se lanza contra una Torre, aparece las tres veces en el mismo sitio.

 La evolución de la **Jaula del Forzudo** es bastante particular, y es que consiste en que cuando una tropa terrestre se acerca a tres casillas de la Jaula evolucionada, es arrastrada a su interior y atacada con el mismo daño por segundo del Forzudo. Durante este tiempo, la tropa no puede atacar y el luchador es inmune a todo daño.

Consejo

Experimenta con las cartas evolucionadas hasta ver cuáles se adaptan mejor a tu estrategia o estilo de juego.

Supercell se pasa

En el momento de aparición de este tipo de cartas, suelen lanzarlas con una versión tan poderosa que no tarda mucho en tener que ser rebajadas de nivel. Durante esos primeros días, resulta muy conveniente ver cómo funcionan y emplearlas, ya que de su buen manejo puede depender el ganar muchas partidas de forma sencilla. Por un lado, esas cartas suelen estar muy por encima del resto y, por el otro, la gente no sabe todavía muy bien cómo funcionan. En un principio, solo se podía emplear una carta evolucionada, pero al cabo de un tiempo, Supercell permitió el poder tener dos. Es de suponer que dentro de un tiempo la cosa se amplíe más todavía.

Las cartas evolucionadas cambian el paradigma del juego y lo condicionan por completo. Añaden profundidad y amplían las estrategias.

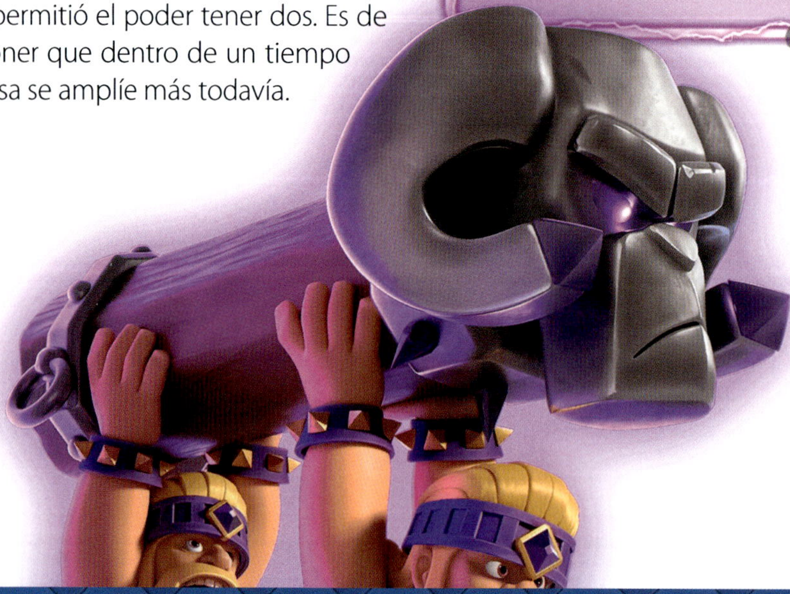

Caballero evolucionado

Apareció en el juego el 7 agosto de 2023, aunque tuvo que ser nerfeada apenas tres semanas más tarde, rebajando su reducción del daño recibido del 80 % al 60 %. En octubre le redujeron también los puntos de golpe (del 130 % al 120 %) y aumentaron el intervalo de ataque (de 0,9 segundos a 1.1). En 2024 siguieron rebajando sus habilidades hasta dejar como única diferencia principal el aumento del 60 % de puntos de vida adicional.

Como su versión no evo, es ideal para absorber daño de otras tropas, especialmente de las que hacen daño a distancia como la **Mosquetera**, aunque hay que tener cuidado, porque algunas unidades tipo **Arqueras** evolucionadas o **Arquero Mágico** pueden alcanzar a la Torre mientras lo atacan.

A pesar de su bajo coste, aspecto inofensivo y naturaleza defensiva, conviene no menospreciarlo porque, como ya se ha dicho con anterioridad, puede acabar con la mitad de los puntos de vida de una Torre. Es poco efectivo contra tropas de melé y bueno contra la temible carga del Príncipe, al que puede distraer debido al alto rango de atracción de este último. Es bueno para tanquear a tropas más pequeñas como los **Murciélagos** de otras como el **Mago** o el **Dragón Eléctrico**. Bien usado, también puede hacer *counter* al **Chispitas** colocándolo a una casilla en el carril contrario, aguantando dos disparos.

P.E.K.K.A. Y Megacaballero

Septiembre de 2024 será recordado como el mes que trajo al *Clash Royale* dos de las cartas evolucionadas más deseadas por los aficionados: el **P.E.K.K.A.** y el **Megacaballero**. Sin duda, esas fueron las dos cartas más empleadas por todos, formándose numerosos mazos con una o ambas cartas.

Por un lado, el **P.E.K.K.A.** evolucionado es idéntico a su versión normal, excepto por el hecho de que suma un extra de vida por cada tropa que elimina hasta llegar a tener incluso más que un **Gólem**. De esta manera, puede hacer frente a su gran némesis, que era la **Bruja,** e incluso al temido Ejército de Esqueletos al que tanto le costaba enfrentarse.

Por su parte, el **Megacaballero** en su versión evolucionada tiene la habilidad de empujar hacia atrás a las tropas contra las que se enfrenta, golpeándolas y haciéndolas retroceder a puñetazo limpio. Resulta especialmente interesante verlo enfrentado a un Gólem al que revienta literalmente, siendo un verdadero problema para cualquier carta tanque que puedan lanzarle.

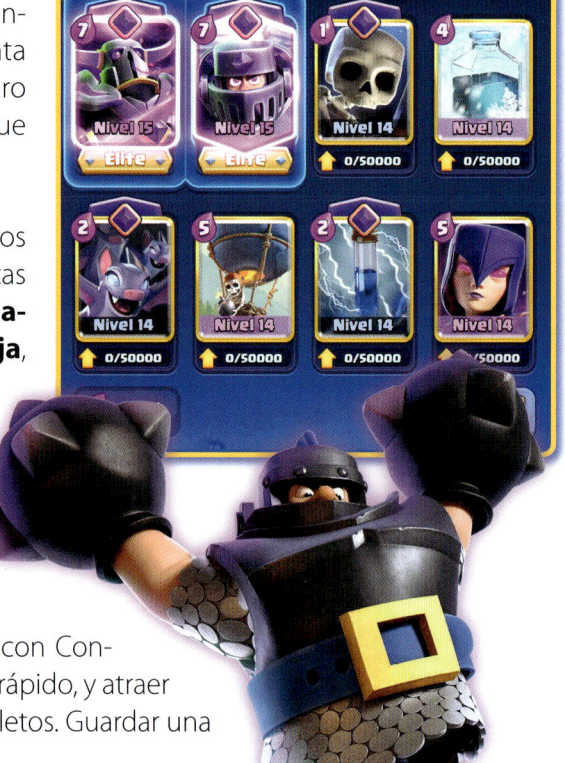

Un buen mazo para todos aquellos que quisieran jugar con ambas cartas es combinar el **P.E.K.K.A.** y el **Megacaballero** evolucionados con **Bruja**, **Congelación**, **Globo**, **Descarga**, **Murciélagos** y **Esqueletos** (con un coste de 4.1 de Elixir). Con los dos primeros puedes atacar y defender, usando la Bruja para distraer cartas y hacer daño de salpicadura o contra tropas aéreas, con un combo de ataque perfecto con Congelación y Globo, y cartas de ciclado rápido, y atraer hechizos como Murciélagos o Esqueletos. Guardar una

Clash Royale nunca para

Aunque es cierto que en ocasiones pasan meses sin que sucedan grandes novedades, más allá de alguna carta evolucionada o algún modo de juego nuevo en los desafíos de fin de semana, últimamente los desarrolladores se han mostrado bastante activos. Sin ir más lejos, en octubre apareció la versión del **Supercaballero** —disponible solo en eventos especiales—, que actúa convirtiendo en invencibles las cartas comprendidas dentro de su amplio rango de acción, además de un nuevo **Campeón** conocido como **Duendenstein** (sí, otra carta nueva relacionada con los Duendes) o la evolución del simpático **Dragón Eléctrico**, que es capaz de enlazar un ataque en cadena infinito (con un solo rayo puede con todo un ejército de esqueletos).

de las dos cartas evolucionadas o el Globo para sorprender al rival en la parte final puede ser una buena opción, si es que te lo puedes permitir. Con este ciclado tan pesado será interesante dejar que empiece tu rival para ver su estrategia y qué tipo de mazo tiene, aunque esta versión combo de ambas evoluciones es de lo más versátil y puede con casi todo. Tal vez un **Sabueso de Lava** o un mazo de **Ballesta** excesivamente defensivo puedan resultar el *counter* para este mazo.

CAPÍTULO 5

LOS CAMPEONES

Los Campeones son la categoría de tropa más especial de entre todas las cartas que hay en *Clash Royale*. Aparecieron por primera vez en la actualización de octubre de 2021 y se trata de personajes más poderosos de lo habitual, aunque lo que los diferencia principalmente es que tienen habilidades únicas que pueden ser activadas durante la partida con un coste adicional de Elixir.

Son cartas tan especiales que solo puedes disponer de una en tu mazo. Además, tienen otra particularidad, y es que afectan al ciclado de las cartas. Es decir, no aparecen de nuevo hasta que hayan muerto y hayas cogido cuatro cartas más, lo que hace que el resto de cartas ciclen más rápido y las puedas obtener de manera más rápida.

Además, puedes usar la carta de **clonación** sobre un Campeón, pero el uso de la habilidad especial permanecerá solamente en el original. Por el contrario, el **Espejo** no se puede usar con una carta de Campeón. En el caso de que la última carta que hayas usado lo fuera y te saliera un Espejo a continuación, te aparecerá en gris indicando que no se puede utilizar; si la intentaras emplear, te aparecería un mensaje que pondría: "**Los Campeones no se pueden usar con el Espejo**".

Cuando una carta de Campeón activa su habilidad especial 0,3 segundos antes de morir, el Elixir no se pierde, sino que te aparece alrededor de 0,4 segundos después de desaparecer.

No existen Libros de Cartas específicos para los Campeones, aunque puedes emplear el Libro de Libros para aumentar sus niveles. En la actualidad, sus comodines son los más caros y complicados de conseguir.

Es importante tener en cuenta que las habilidades de los Campeones cuestan poco Elixir y que, bien combinadas, pueden ser muy prácticas: acaban con enemigos, empujan tropas propias, te permiten atravesar el río fronterizo…

En este libro analizaremos tres de los seis Campeones existentes.

Caballero dorado

Se desbloquea en la **Cocina del Verdugo** (Arena 16) y es una tropa de ataque terrestre con muchos puntos de vida, pero con un daño moderado. Su habilidad especial se denomina **Embestida Impetuosa** (*Dashing Dash* en inglés), aunque algunos la llaman **Carga Furiosa**. Consiste en aumentar su velocidad de movimiento cuando no hay enemigos cerca para que se lance sobre sus enemigos en un ataque en cadena continuado, al estilo, por ejemplo, del **Espíritu Eléctrico**. Tarda un segundo en activarse y aumenta su velocidad de movimiento, a menos que esté a 5,5 casillas de unidades enemigas, en cuyo caso se lanzaría hacia ella, yendo a por la siguiente aunque no haya acabado con la primera. Una vez iniciada la carrera, el Caballero es invulnerable y causa más daño, al estilo de la **Bandida**, no pudiendo volver a lanzarse por segunda vez durante la carrera hacia una tropa ya atacada. Dejará de lanzarse después de atacar a diez tropas o si el último objetivo alcanzado es una Torre. Su daño en embestida a nivel 14 es de 444 puntos y de 487 a nivel 15. Se recarga en ocho segundos.

Al contrario de lo que sucede con otras tropas, su carga no se puede detener con hechizos de **Tronco**, **Descarga** o **Congelación**. Además, al contrario que el Espíritu Eléctrico, no se le puede forzar a activar la Torre del Rey.

Aunque se puede usar para atacar hordas, no siempre es recomendable, ya que no puede, por ejemplo, con el **Ejército de Esqueletos**, al dejar con vida a alguno de ellos.

En lo negativo, pueden contrarrestar la habilidad del **Caballero** si la predicen usando una carta barata como el **Espíritu de Hielo** o tirando los **Esqueletos** en medio de la arena. Pero se tiene que hacer estando a cinco casillas como máximo del río, para que de esa forma no conecte con la Torre de Coronas en su carrera. Si lo que se usa para interceptarlo son estructuras, deberán estar colocadas a tres casillas del río y dos de las Torres, de esa forma se distraerá con el edificio ubicado en su camino.

Bien empleado, el Caballero Dorado resulta complicado de defender, al poder lanzarse sobre diferentes tropas y acabar atacando al objetivo principal. Es decir, si cuando defiendes interceptas un **Caballero Dorado** con un **Mago**, este podrá activar su habilidad especial, atacar al Mago y seguir a continuación hacia la Torre. Por otro lado, el Caballero Dorado seguirá su ataque especial incluso tras ser interceptado por un **Pescador**.

Es una tropa buena para combinarse con otras cartas de ataque rápido como **Montapuercos** o **Ariete**, que son malos para defenderse de los ataques de hordas como la **Pandilla de Duendes**, a los que el Caballero Dorado puede eliminar en un instante.

En cambio, es sensible a los ataques aéreos y de minitanques como el **Mini P.E.K.K.A.**, y es importante tener en cuenta que no ataca en carrera a tropas situadas detrás de él, solo a las que puede ver, por lo que, si lo rodean con alguna horda, su habilidad resultará menos eficiente.

Puede ser práctico para enfrentarlo al **Chispitas** si se lanza en el momento correcto, ya que puede absorber con su habilidad el ataque del primer impacto y sobrevivir al daño del segundo (1936 de daño del Chispitas al nivel 15) gracias a tener muchos puntos de vida (2615 con nivel 15 de Caballero). Igualmente, si lanza su habilidad durante el ataque de una **Inferno** o un **Dragón Infernal**, reseteará el daño acumulado que causan, siendo una tropa sacrificable si la ocasión lo requiere.

Combinándolo bien con algunos Hechizos, puede resultar muy efectivo. Junto a una **Bola de Fuego** puede llegar a acabar con la **Reina Arquera** y luego seguir atacando la Torre de Coronas. En el caso de que lo uses con **Tornado**, te permitirá reunir las tropas enemigas y dejarlas listas para el ataque especial del Caballero. Es un coste alto de Elixir, pero bien usado puede ser letal.

Es importante tener en cuenta que, usando su habilidad, el Caballero Dorado puede atravesar el río, por lo que resulta efectivo para eliminar tropas con ataque a distancia emplazadas al otro lado. De esta manera, puede acabar con un **Bombardero** y dejar a una **Mosquetera** a mitad de salud, rematándola con dos golpes normales más.

Además, al usar su habilidad e impulsarse hacia adelante, puede afectar a tropas aliadas, empujándolas hacia el frente y acercándolas a su objetivo. Es práctico con el **P.E.K.K.A.** o **Gigante Eléctrico**, pero mucho más con un **Esqueleto Gigante**, al que empujará hacia la Torre haciendo que su bomba explote contra ella.

Como todo Campeón, la versión inicial –aparecida el 27 de octubre de 2021 en la actualización de los Campeones– resultaba más letal que la actual. Diferentes cambios de balance hicieron que, por ejemplo, disminuyera el rango de su ataque de 6 a 5 casillas (actualmente en 5,5), sus puntos de vida en un 10 %, etc.

Reina Arquera

Se desbloquea en la **Cripta Real** (Arena 17) y es una tropa terrestre que ataca a objetivos de todo tipo. Sus puntos de vida, ataque y alcance son de tipo medio, resaltando por su versatilidad. Lo que la hace particular es su habilidad especial: la **Capa de Invisibilidad**. Cuando se activa, por un coste de Elixir de 1, se vuelve invisible y aumenta su velocidad de ataque durante un período de tiempo breve, aunque suficiente para hacer un significativo daño a tropas y torres enemigas.

Unos breves consejos

1. Defendiendo es muy práctica para detener un **Globo** o **Sabueso de Lava**, incluso un **Gólem de Piedra** en el caso de que dispongas de una **Tesla** para apoyarla.

2. Gracias a su gran rango de distancia, puedes usarla para defender ataques a doble línea, emplazándola en el centro del tablero.

3. Puede eludir con su habilidad una **Tesla**, ya que al volverse invisible la Tesla quedará oculta, pudiendo la Reina atacar directamente la Torre de Coronas.

4. Incluso usando su habilidad, la **Reina Arquera** es susceptible a ser herida por Hechizos.

5. Con ayuda de la **Torre de Coronas**, y una vez haya usado su habilidad, puede ser defendida con un **Paquete Real** o un **Barril de Bárbaro**, ganando bastante en el intercambio de Elixir.

6. Es importante activar la habilidad poco después de comenzar a atacar para no desperdiciar ninguno de sus siete disparos. Pero ten cuidado de no perderla si ajustas mucho.

7. Si te defiendes de una Reina Arquera has de ser rápido en contrarrestar parte del daño con otras unidades, aprovechando que sufre mucho retraso en activarse.

Habilidad especial

Se activa al cabo de un segundo y vuelve a la Reina invisible y, como el Fantasma Real, pasa inadvertida para las tropas enemigas. No puede ser atacada, excepto por hechizos, aumenta su velocidad de ataque en un 80 % y disminuye su velocidad de movimiento durante los 3,5 segundos de la habilidad. Posteriormente, necesita quince segundos para volver a estar disponible y reutilizarse. Durante su uso, lanza siete disparos.

Aunque no lo parezca, conviene eliminarla aunque le quede un poco de vida, ya que de activar su habilidad, resultará mortal con el coste extra de solo un punto de Elixir, siendo capaz de derribar media Torre. También es muy útil para utilizar contra un Chispitas, al que puede eliminar con sus siete disparos.

Si le queda poco de vida cuando activa su habilidad, si dispones de algún hechizo rápido que lanzarle, no lo dudes, porque te evitarás recibir bastante daño sobre alguna tropa o Torre. También es práctico lanzarle un Ejército de Esqueletos o Bárbaros, pues no logra acabar con todos ellos.

Estrategia: Cambio de línea

Una función interesante de la habilidad de la Reina Arquera puede ser cambiar de línea a las tropas enemigas de manera sencilla y eficaz. Imagina un ataque a doble línea de un **Gigante Noble** y un **Mini P.E.K.K.A.**, en ese caso puedes emplear un **P.E.K.K.A.** para acabar con el Gigante Noble, colocar a la Reina en el centro para atraer al Mini P.E.K.K.A., usar su habilidad especial para desaparecer y atraerlo sobre el P.E.K.K.A., dejando a la Reina con toda su vida.

8. Tropas de aturdimiento como el **Mago Eléctrico** pueden impedir el uso de su habilidad. Un **Gigante Eléctrico** también le hace *counter* al hacerle sufrir daño.

9. A pesar de todo, su mayor *counter* puede ser el **Monje**, que reflejará su habilidad usando la suya propia, logrando incluso eliminarla.

10. En un duelo contra otra Reina Arquera es recomendable activar la habilidad después de tu oponente, ya que permitirá que la tuya sobreviva.

Cambios de balance

Apareció por primera vez el 27 octubre de 2021 y, como todos los Campeones, ha visto reducidas sus habilidades y valores iniciales. Al principio, su habilidad podía ser utilizada cada once segundos (frente a los quince actuales) y el aumento de velocidad inicial del ataque era del 200 %, frente al 180 % actual. Por lo demás, no ha recibido cambios sustanciales.

Principito

La aparición de esta carta causó verdadero furor en noviembre de 2023, siendo usada en la mayoría de los mazos de combate de aquella época. Aunque pudiera parecer inofensivo en primera instancia, en cuanto invocaba su habilidad de **Rescate Real** y aparecía su guardiana, la cosa se complicaba. En lo que a su aspecto visual se refiere, el Principito va vestido de manera similar al Rey, llevando una corona del color del equipo. El coste de Elixir es tres, costando otros tres su habilidad, lo que la convierte en la más cara.

Se trata de una carta que por sí sola podría ser ignorada por las Torres (una Torre de Princesa lo elimina de seis disparos), pero conviene tenerla en cuenta si es combinada con la **Guardiana** porque de lo contrario los efectos pueden ser nefastos. Y es que una vez que inicia su velocidad de disparo, el Principito resulta mortal: comienza con una velocidad de 1,2 por segundo y se va reduciendo en 0,4 por segundo, por lo que en un momento dado, si te ataca, convendría incluso detenerlo usando un hechizo como el Tronco, la Descarga o la Bola de Nieve, que lo resetearán.

Como curiosidad, conviene destacar que el salto del **Megacaballero** puede ser interrumpido por el efecto de retroceso que crea la aparición de la **Guardiana**. Pero esto lo hace cuando el Megacaballero está iniciando el salto, si lo hace medio segundo más tarde, la Guardiana lo empujará para, a continuación, ir hacia adelante sin rumbo fijo. Principito y Guardiana pueden conseguir una buena defensa de un Megacaballero.

Bien combinados pueden salvarte del ataque de un **Gólem de Piedra**, un **Gigante** o un **Gigante Eléctrico**, pudiendo usarlos a continuación de base para un contragolpe.

Una **Bola de Fuego** de su mismo nivel no logra terminar con su vida, aunque sí un **Veneno**. Obviamente, también se le puede eliminar con un **Cohete** o un **Rayo**, aunque es reco-

Es una de las veinte cartas con las que no se puede utilizar el Espejo

mendable hacerlo solo si va acompañado de alguna otra tropa, de lo contrario, el coste de intercambio de Elixir es demasiado alto.

El Principito con su Guardiana es una de las cartas que ha recibido cambios de balance más importantes desde su aparición. Se han reducido sus puntos de vida, de daño, el empuje de la Guardiana, la velocidad y rango de disparo del Principito, etc.

Habilidad especial

Al cabo de un segundo de invocarla, aparece la Guardiana desde atrás, provocando una carga contra todo lo que se encuentre en su camino, lo que causa un daño de 274 puntos y empuja a las tropas. El rango de la carga es entre cero y dos casillas de distancia del Príncipe. Una vez que aparece, se queda en la Arena hasta morir luchando. Tarda treinta segundos en poder volver a ser utilizada.

Counters principales

Sin duda es el **Lanzarrocas**, ya que con sus rocas puede golpear a Principito y Guardiana al mismo tiempo, y restablecer todo el rato con su retroceso el ataque de aceleración con arco. Por otro lado, el Mini P.E.K.K.A. tampoco es una mala opción si lo lanzas en cuanto esté a punto de pisar el puente, puesto que lo eliminarás sin que tenga tiempo de usar su habilidad.

Curiosidad

Mucha gente se dio cuenta de que, si se lanzaba el hechizo de **CLONACIÓN** en el mismo momento que se lanzaba el **Rescate Real**, aparecían dos **Guardianas** con todos los puntos de vida. Ese error se subsanó al cabo de una semana.

CAPÍTULO 6

EL CAMINO DE LA REINA

Viaje de la Reina Duende ha sido el gran intento por revitalizar el juego llevado a cabo en verano de 2024, creando una tercera vía junto a los ya existentes del **Camino de Trofeos** y **Camino de Leyendas**.

Este nuevo camino constaba de cuatro nuevas arenas con niveles máximos de cartas para poder igualar a los más veteranos con los recién llegados, que fueron muchos:

Arena		Trofeos	Nivel máximo
Minas de Oro		0-999 🏆	9
Foso Fangoso		1000 🏆	11 +1
Patio de Chatarra		2000 🏆	13
Palacio Ancestral		3000 🏆	15 +1

Con la ampliación posterior se permitió llegar hasta las 4000 copas y tener 2 huecos de evolución.

Una de las principales novedades del juego consiste en la incorporación de cuatro nuevas cartas:

- **Demoledor Duende** (Especial) Minas de Oro
- **Maldición Duende** (Épica) Foso Fangoso
- **Máquina Duende** (Legendaria) Patio de Chatarra
- **Reina Duende** (Torre)

De entre todas ellas, la aparición de la **Máquina Duende** sembró el pánico entre los usuarios que se enfrentaban a ella por primera vez, al estar tremendamente desequilibrada y decantar por completo la partida cada vez que se ponía en juego.

También aparecieron tres nuevos cofres: **Alijo Duende** (tres horas en desbloquear), **Baúl Duende** (ocho horas) y el **Tesoro Duende** (doce horas). El primero de ellos no tardó mucho en desaparecer.

En lo que respecta a la nueva Torre, su principal característica reside en que al gastar veinte unidades de Elixir al jugar cartas de Duendes durante la batalla, cargas la habilidad de la **Reina Duende**. Es entonces cuando una legión de **Bebés Duende** vuela, literalmente, hasta la Arena de tu rival.

CARTAS NUEVAS

Demoledor Duende

Apareció en el juego por primera vez el 17 de junio de 2024, recibiendo dos semanas más tarde un cambio de balance que redujo su radio y cantidad de daño, así como el intervalo de ataque. Según los creadores del juego, el tipo de dinamita que lanza es el mismo que el de los Rompemuros evolucionados.

Cuando le queda un 50 % de sus puntos de vida carga hacia la Torre o Estructura más cercana infligiendo daño 535. Lo mejor es que si no llega a la Torre, igualmente, les causa daño a las tropas que tiene a su alrededor. Su principal *counter* son tropas aéreas como **Murciélagos**, **Esbirros** o tropas a distancia como la **Lanzafuegos**. Es buena para defender a las tropas tanque y tiene la particularidad de que, aunque no afecta a las tropas aéreas con su ataque, su explosión mortal sí les hace daño. Es bueno también

para apoyar a las Torres en defensa, especialmente si estás usando la del **Cañonero** y atacando a tropas como los **Bárbaros Evolucionados** o los **Reclutas Reales**.

Debido a su poco coste de Elixir, da mucho juego como carta y funciona muy bien con el **Príncipe** al servirle para limpiar hordas enemigas de cualquier tipo gracias a su daño de salpicadura, mientras que este con su carga puede con las tropas tanques.

Maldición Duende

Puede sonar innecesario y repetitivo el decirlo, pero es una carta que bien usada tiene un gran potencial. Tiene un coste de Elixir bajo y puede ser usada en ataque o defensa. Es una especie de **Veneno** que inflige daño con el tiempo a los objetivos que se encuentren en su radio, pero además convierte en **Duendes** a todas las tropas eliminadas durante sus efectos, algo similar a lo que hace la **Bruja Madre**. Y, por si fuera poco, actúa como potenciador de ataque, lo que significa que las tropas que se encuentran en el rango del hechizo recibirán un daño extra del 30 %, sea cual sea la fuente del que provenga (tropa, hechizo o Torre).

Contra: Es prácticamente inútil contra edificaciones

En el caso de un *push* potente, si lo usas amplificarás el daño de tus tropas de tal manera que derribarán Torres o enemigos con mayor facilidad. Imagínate lo que puede pasar si colocas un **Ejército de Esqueletos** detrás de tu Torre y le lanzan este Hechizo, porque de repente tendrás un ejército de Duendes atacándote. Además, es un *counter* perfecto para el **Cementerio** y, combinado con el **Vacío**, puede causar un daño desproporcionado a según qué unidades tanque.

También combina muy bien con el **Duende Gigante** al amplificar el efecto de los dos **Duendes con Lanza** que lleva en la mochila. De este modo, si le lanzan tropas pequeñas quedarán arrasadas y convertidas en Duendes por la Maldición, mientras que, si se usa algo más pesado como un **Ejército de Bárbaros**, reducirá la efectividad de un posible contraataque, al quedar muy tocados.

Sinergia Curiosa

Puedes combinarlo bien con el **Tornado**, al atrapar a las tropas enemigas dentro del rango de acción de la Maldición, y amplificará el daño efectuado. Eso sí, es una combinación costosa de Elixir (5).

En Resumen

Amplifica el daño en tu enemigo en un 20 %, causa a nivel 14 un daño de treinta y tres por segundo y crea Duendes del nivel del hechizo si, en los seis segundos que dura, algún enemigo muere en su radio de acción. Para eliminar **Ejércitos de Duendes** o **Esqueletos**, por ejemplo, es excelente.

Máquina Duende

Se trata de una carta legendaria Duende con muchos puntos de vida, poco daño de ataque y que lanza cohetes cuando una tropa entra dentro de su radio de acción. Representa a un robot de madera y metal que lleva el emblema Duende y un Lanzacohetes trasero, controlado por un Duende bebé.

Sin duda, es de las cartas que más "rotas" estuvieron de inicio de cuantas ha sacado *Clash Royale* y por la que más gente pidió que fuera rebajada de nivel. Tanto es así que la carta apareció por primera vez el 17 de junio de 2024 y dos días más tarde ya recibía un cambio de balance que le redujo sustancialmente el daño del cohete que lanza a tropas (un 33,5 %) y a las Torres (un 66,8 %). Además, el 2 de julio de 2024 le bajaron los puntos de daño en un 15,5 % y pasó el intervalo del primer ataque de 0,2 segundos a 0,5.

Es la típica carta que conviene no despreciar, ya que es capaz de tumbar media Torre por sí sola.

Es muy efectiva usada en combinación con el **Taladro**, puesto que los cohetes que dispara la Máquina Goblin se centrarán en cualquier tropa empleada por el oponente para defenderse del Taladro, destruyendo a la mayoría

de ellas, con la opción, además, de que acabe golpeando la Torre de Coronas gracias a su daño de área. Asimismo, al tener tantos puntos de vida puede resistir los ataques de la Torre durante el ataque del Taladro, dejando que los Duendes no mueran y puedan atacar.

Mejores Mazos para el Camino de la Reina

Descarga Evolucionada + Duende Gigante + Demoledor Duende + Lanzarrocas + Pandilla de Duendes + Duendes + Jaula del Forzudo + Flechas.

Si quieres una segunda carta evolucionada, aunque puedes cambiar **Duendes** por **Barril**, es mucho más práctico el **Duende Gigante** o incluso la **Jaula**. La idea principal es usar al Gigante como tanque que absorba daño, mientras el resto de tropas lo apoyan desde atrás, principalmente **Lanzarrocas** y **Demoledor Duende**. Puedes usar los **Duendes** para distraer cuando te ataquen y la Jaula para detener los ataques enemigos, especialmente de los múltiples Duendes Gigante que te encontrarás.

Son buenas variantes el usar a la **Bruja Madre** para transformar en cerdos a la gran cantidad de Duendes que te encontrarás, el **Lanzadardos** para situarlo detrás del Gigante o incluso el **Chispitas** si quieres ir tumbando también desde detrás todo lo que le lancen. Un **Espejo** te puede ser útil si quieres doblar ataques en el x2 de Elixir y una **Valquiria Evolucionada** te puede solventar muchos ataques y defensas, teniendo en cuenta el gran número de Duendes que aparecerán y lo débiles que son a su hacha.

CAPÍTULO 7

DESAFÍOS ESPECIALES Y SUPERCARTAS

Con la llegada del fin de semana, la actividad en *Clash Royale* aumenta. El jueves comienza la **Guerra de Clanes** (de las que os hablaremos en otra ocasión) y el viernes se inician los **Desafíos Especiales**, que varían de semana en semana y ofrecen una entretenida variante al juego tradicional. Suelen tener todo tipo de condicionantes que los hacen diferentes y además te dan como premio una gran cantidad de fichas de temporada que intercambiar en la tienda. Además, si consigues todas las victorias, sueles obtener una recompensa especial, como estandartes de batalla.

En el caso de estos desafíos, tendrás que dedicar un tiempo a pensar cuál es la mejor estrategia en función del condicionante que ofrezca el evento. Tendrás que decidir si montas tu mazo con tropas ligeras, pesadas, aéreas, terrestres, de ataque directo…, y a partir de ahí usar toda tu habilidad para ganar e ir a amoldando el mazo en función de lo que vayas viendo. Pero tendrás que darte prisa, porque estos desafíos duran setenta y dos horas.

El mejor consejo con estos desafíos es que uses siempre algún tipo de tropa que te sea familiar, que suelas usar en tu mazo.

Consejos:

1. Ante todo, usa los desafíos para divertirte, no te obsesiones en terminarlos, a menos que te haga especial ilusión la recompensa final.

2. Aprovéchalos para subir la experiencia de tropas que no utilices con frecuencia. Un reto interesante es hacer el mazo con las ocho cartas que más cerca tengas de subir de nivel y ver qué pasa. No tienes nada que perder y te lo pasarás bien conformando mazos diferentes y extraños.

3. Si quieres, juega el desafío sin saber cuál es el condicionante. De esa forma, aunque perderás la primera partida con casi total seguridad, la sorpresa será mayor.

4. Si no das con la tecla del mazo y ves que pierdes batalla tras batalla, la mejor opción es verte algún vídeo de algún *influencer* que te recomiende cuál es el mejor tipo de mazo para ese desafío.

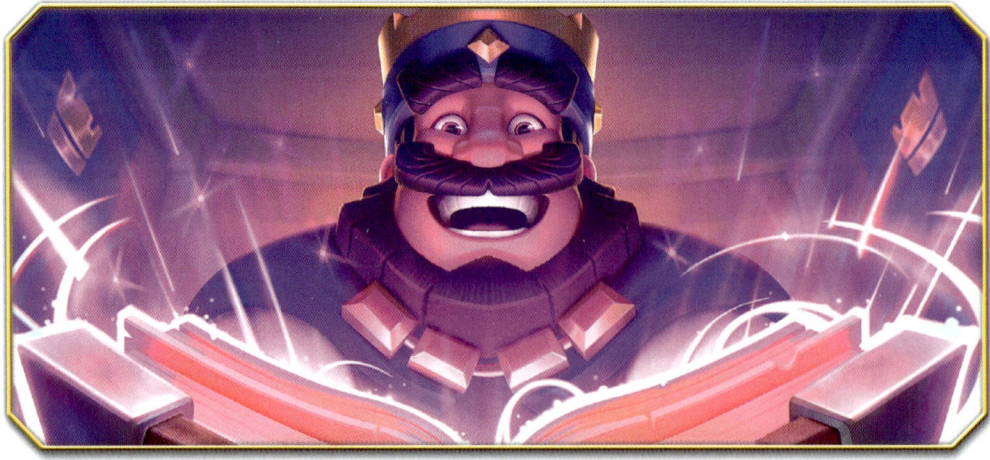

Algunos desafíos

En el desafío de la **Tormenta Perfecta**, en la que caían rayos aleatorios sobre las tropas cada diez segundos, reventando inmisericordes a tus tropas, estaba claro que la mejor opción consistía en utilizar muchas estructuras, que no se veían afectadas por los traicioneros rayos. Además era recomendable el uso de tropas de ataque directo como el **Montapuercos**, el **Minero** o la Excavadora. Utilizar un mazo *Log Bait* era una buena alternativa, a menos que tu rival tuviera el **Tronco** que acabase con lo que le lanzases o un **Tornado** con el que activarse la Torre. De modo que en este caso, aparte de usar estructuras de todo tipo, si deseabas jugar a largo plazo, un **Recolector** era la mejor elección para ir guardando Elixir y, en el momento adecuado, plantar por ejemplo una Ballesta. Este era un desafío también magnífico para usar el **Espejo**. Los **Rompemuros** o Hechizos como el **Terremoto** para ir minando poco a poco la moral eran opciones a tener en cuenta.

Otro desafío interesante fue el del **Cohete Fiestero de Duendes**. Se trataba de un desafío muy divertido que tuvo lugar durante el **Electro Aniversario** y que resultó bastante *troleador*. Comenzabas de mano con un cohete de coste cinco de Elixir que, cuando lo lanzabas, convertía todo lo que había en su amplio radio  en Duendes, ¡incluyendo tus tropas! Hubo gente que empleó la particular estrategia de lanzar un Ejército de Esqueletos y, automáticamente, convertirlo en un Ejército de Duendes al tirarle el cohete, haciéndolos mucho más poderosos. En este evento resultaba interesante jugar con cartas con escudo, ya que no se transformaban en Duendes cuando les caía el cohete encima. Por eso, jugar con Guardias Reales era interesante, dada su invulnerabilidad al cohete mientras portaban el mencionado escudo.

El desafío de la **Amenaza de Cohete** resultaba bastante estresante, dado que podías emplazar Cohetes de coste que atacaban directamente a la Torre del Rey causando una cantidad enorme de daño. Casi ganaba el que conseguía lanzar de manera más rápida tres misiles y no se topaba con un Monje que lo desactivaba (en cuyo caso había que congelarlo). Otra buena opción era aprovechar que todo el mundo se concentraba en lanzar cohetes de coste siete para atacar una Torre de Corona y a partir de ahí poder atacar desde su campo el silo del cohete.

En el evento de **Arbusto con Sorpresa** se repartían por todo el terreno de batalla seis **Arbustos Sospechosos** que pasaban a luchar de parte de aquel que llegaba antes hasta ellos. Además, en alguna ocasión aparecía directamente un Chispitas que decantaba la balanza en favor del que los conseguía antes.

En muchas ocasiones, como en este último comentado, se trata de eventos cuya finalidad es la de incentivar a los jugadores a emplear una carta que haya salido no hace mucho, para acostumbrarles a su uso.

Súper cartas

Se trata de las cartas más poderosas que existen y aparecen solo en determinados eventos. Con el paso del tiempo se van uniendo nuevas tropas a este exclusivo club de cartas, caracterizado por tener habilidades mejoradas. Salieron antes de las evoluciones y, en cierto modo, fueron precursoras de las mismas.

Orden de aparición:

- ♟ **Súper Sabueso de Lava 7/02/2022**
- ♟ **Súper Bruja 13/05/2022**
- ♟ **Súper Mini P.E.K.K.A. 15/07/2022**
- ♟ **Lanzabárbaros 1/08/2022**
- ♟ **Súper Montapuercos 19/12/2022**
- ♟ **Súper Gólem de Hielo 9/01/2023**
- ♟ **Súper Arquero Mágico 13/02/2023**
- ♟ **Choza Fiestera Duende 13/03/2023**
- ♟ **Cohete Fiestero de Duendes 27/03/2023**
- ♟ **Súper Arqueras 3/04/2023**
- ♟ **Trío de Magos 27/05/2024**

Súper Montapuercos

Conocido también como **Santa Montapuercos**, es capaz de saltar el río, va dejando detrás de sí una estela de regalos a las tropas que le siguen para ser potenciadas. Cada tres segundos genera un regalo con un Hechizo aleatorio: Curación, Furia, Clonación o Invisibilidad. La única forma de detenerle es con Estructuras o tropas aéreas. Si conecta con la Torre resulta mortal, ya que los regalos caen sobre él mismo y los va utilizando, pudiéndose clonar varias veces y juntarse varios de ellos golpeando al mismo tiempo.

- ♟ **Reto del Súper Montapuercos** (19/12/2022 – 26/12/2022)
- ♟ **Súper Evento de la triple elección** (10/04/2023 – 18/04/2023)
- ♟ **Evento Súper Cartas de triple elección** (19/08/2024 – 25/08/2024)

Súper Mini P.E.K.K.A.

La más letal y poderosa de las Súper Cartas, ya que termina con cualquier tropa o Torre de un solo golpe. Es un OHKO en toda regla. Además, cada cinco segundos crea un panqueque que cura a todas las tropas amigas que se encuentran en su radio de acción, regenerándose también cada vez que elimina una tropa enemiga (igual que hace la P.E.K.K.A. en su versión evolucionada). Su estrategia de uso es bien sencilla: lanzarlo cuando el rival no tenga hordas o tropas de melé y en cuestión de pocos segundos te dará una victoria de tres coronas (la Congelación es bastante práctica de combinar con esta carta). Si te toca enfrentarte a él en algún torneo de elección, simplemente reza, porque bien utilizado es **imparable**.

- ♟ **Reto del Súper Mini P.E.K.K.A.** (15/07/2022 – 21/07/2022)
- ♟ **Súper Evento de la triple elección** (10/04/2023 – 18/04/2023)
- ♟ **Evento Súper Cartas de triple elección** (19/08/2024 – 25/08/2024)

Dato curioso

El daño que causa a nivel 14 es de 159.998 puntos, siendo posible ganar una batalla con sacar solo un Súper Mini P.E.K.K.A.

Counter

Cartas aéreas u hordas como el **Ejército de Esqueletos** o la **Pandilla de Duendes**, contra las que no tiene nada que hacer. En el caso de tropas con escudo, necesita dos golpes para acabar con ellas.

Cohete Fiestero

Se trata de un Cohete con una particularidad bien especial: cuando explota todo lo que hay en su área de acción se convierte en un Duende aliado tuyo. Eso **incluye** tropas enemigas y propias, por lo que conviene que tengas cuidado. De este modo, si tu enemigo te ataca con un *push* potente, lo único que tienes que hacer es lanzarle el Cohete, porque acabará automáticamente con **todo** y lo convertirá en Duendes tuyos.

¿Que tu rival despliega los quince esqueletos del Ejército de Esqueletos y le lanzas un Cohete Fiestero? Automáticamente pasas a tener quince Duendes. Hay quien usa una táctica algo sucia y despliega él mismo el Ejército de Esqueletos y le lanza el Cohete, obteniendo automáticamente quince Duendes con un coste de cinco de Elixir.

¡Atención!
No causa ningún tipo de daño a las Torres.

Has de tener en cuenta que es un Hechizo complicado de lanzar sobre tropas que se muevan con rapidez. Por ello, puedes combinarlo con el Tornado para juntar tropas enemigas antes de lanzarles el Cohete (eso sí, el coste de Elixir vuelve a ser elevado).

Ten en cuenta que no afecta a las tropas que llevan escudo, como el Príncipe Oscuro o los Reclutas Reales, a las que solo se lo romperá.

Lo peor:
El nombre, **Cohete Fiestero (Party Rocket** en inglés). ¿A quién se le ocurrió semejante aberración?

Los Hechizos también tienen derecho a ser súper

Consejo

Si en un torneo de triple elección ves que tu rival tiene el **Súper Mini P.E.K.K.A.** como opción, esta es una de las cartas a escoger si la tienes a tu alcance, porque es de las pocas que pueden frenarle.

⚑ **Reto del Cohete Fiestero de Duendes** (27/03/2023 – 3/04/2023)
⚑ **Evento del Cohete Fiestero de Duendes** (11/03/2024 – 18/03/2024)
⚑ **Evento Súper Cartas de triple elección** (19/08/2024 – 25/08/2024)

Lanzabárbaros (Barbarian Launcher)

Con esta supercarta les llegó el turno a las Estructuras. El funcionamiento es muy sencillo: lanza Bárbaros en lugar de proyectiles. Lo hace cada dos segundos a cualquier enemigo –tropa o Estructura– que esté dentro de su amplio rango de visión (11,5 casillas).

A diferencia del Mortero Evolucionado (que lanza Duendes), el golpe del Bárbaro lanzado apenas provoca daño.

Es fácil de tanquear si se lanza una tropa con mucha vida y, como tarda 3'5 segundos en desplegarse, resulta sencillo emplazar algo que le distraiga. Eso sí, como conecte con Torre y comience a acumular Bárbaros el efecto puede ser letal, aunque si se le lanza cualquier carta con aturdimiento, tipo Descarga, reorientará de nuevo su objetivo.

⚑ **Evento del Lanzabárbaros** (1/08/2022 – 6/08/2022)
⚑ **Reto del Mega Mazo** (10/10/2022 – 17/10/2022)
⚑ **Evento Súper Cartas de triple elección** (19/08/2024 – 25/08/2024)

Superchoza
Choza fiestera (Party Hut)

Se trata de una cabaña en cuyo interior hay Duendes de fiesta, mientras en su azotea hay un Lanzadardos disparando a todo lo que se acerca. Es como una **Ballesta** que cuando es destruida genera tres **Duendes**, tres **Duende con Lanza** y un **Duende Luchador**.

Tiene un rango de acción muy alto, por lo que puede conectar con las Torres enemigas si se emplaza cerca del río.

La mejor tropa para atacarle es el Lanzarrocas, ya que puede destruir la Estructura y continuar más tarde atacando a los Duendes de su interior.

- **Reto de la Choza Fiestera Duende** (13/03/2023 – 20/03/2023)
- **Reto de la Choza Fiestera** (26/06/2024 – 1/07/2024)
- **Evento Súper Cartas de triple elección** (19/08/2024 – 25/8/2024)

Súper Arqueras

Una de las cartas "súper" más divertidas, con la que podrás volver loco a tu rival y sus tropas, y al mismo tiempo de las más eficaces por poder atacar a distancia a todo tipo de enemigos: terrestres, aéreas, de melé, tanques…

Con un rango de diez casillas, el disparo que crean atraviesa tropas, las atrae como si de un Tornado se tratara, las repele y las rebota de un lugar a otro… De nuevo, es perfecta en los eventos en los que te enfrentas al **Súper Mini P.E.K.K.A.**, ya que es de las pocas cartas que pueden hacerle frente sin ser derrotadas al instante.

Para acabar con ellas hay que recurrir principalmente a combinar Hechizos o atacarles con tropas a distancia como el **Lanzadardos** o la **Máquina Voladora**, siempre y cuando conecten con ellas desde el primer instante, y no con otras tropas. Aunque pierdes tres puntos de Elixir en el intercambio, te puede salir a cuenta lanzarles un **Rayo** nada más las veas aparecer. El **Veneno** también puede con ellas.

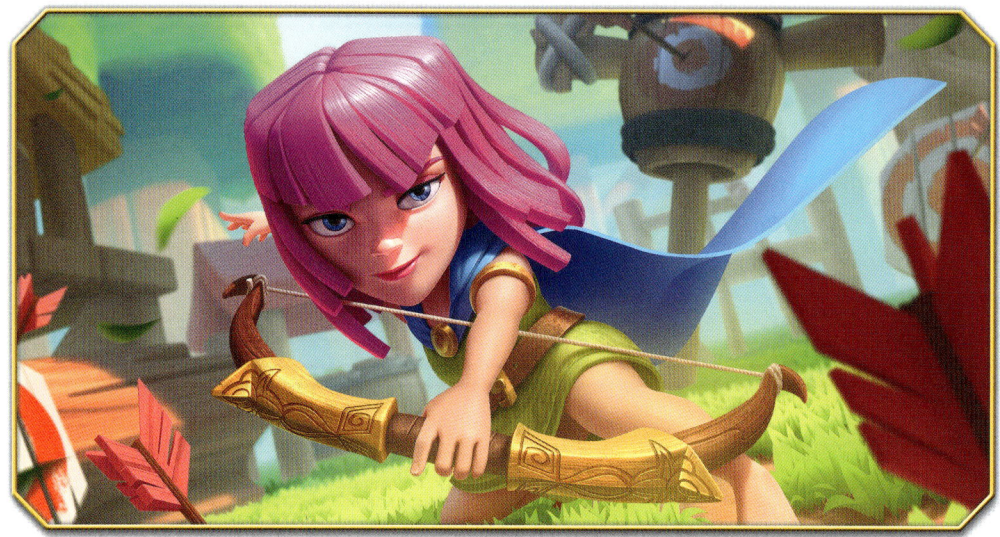

Desplegarlas delante de la Torre del Rey y dividirlas es un buen sistema para cubrir ambos lados del tablero.

- 🏯 **Evento de las Súper Arqueras** (3/04/2023 – 25/04/2023)
- 🏯 **Evento Súper Cartas de triple elección** (19/08/2024 – 25/08/2024)

Súper Gólem de Hielo

Seguramente la menos "súper" de todas las cartas. Para empezar, es la carta más lenta de todo el juego con una velocidad de treinta, causando únicamente 64 puntos de daño por segundo a nivel 14. Eso sí, tiene 4800 puntos de vida.

El tanque definitivo... y poco más

Su otra gran habilidad es que, cuando muere, congela a todas las tropas rivales en el tablero. Paradójicamente, eso incluye la Torre del Rey, que se activará al instante.

- 🏯 **Reto del Súper Gólem de Hielo** (9/01/2023 – 15/01/2023)
- 🏯 **Súper Evento de la triple elección** (10/04/2023 – 18/04/2023)
- 🏯 **Evento Súper Cartas de triple elección** (19/08/2024 – 25/08/2024)

Súper Sabueso de Lava

Con una vida, un ataque y un movimiento muy similar al **Sabueso de Lava** normal, explota al morir soltando tres bolas de fuego y generando dos Sabuesos de Lava más pequeños, que al morir a su vez crean cuatro Cachorros de Lava cada uno. Aunque por muchos denostado, su avance hacia Estructuras y Torres puede convertirse en una pesadilla conforme se acerca, absorbe daño, y sigue acercándose imparable.

El **Súper Sabueso de Lava** tiene 4480 puntos de vida a nivel 14, hace 55 puntos de daño por segundo, y cada una de las tres Bola de Fuego que lanza al morir provocan 192 puntos de daño (576 en total). Los **Mini Sabueso de Lava** tienen 2400 puntos de vida y hacen 80 puntos de daño por segundo, mientras que los cuatro **Cachorros de Lava** tienen 315 puntos de vida y hacen 77 puntos de daño por segundo.

Dato:
Fue la primera Supertropa en aparecer.

Hay que ir con cuidado si tu enemigo tiene la **Bruja Madre**, porque podría convertir a los ocho Cachorros en cerditos, mientras que la **Lanzafuegos** puede ser bastante útil disparándole a distancia por si hay daño de salpicadura.

♜ **Reto del Súper Sabueso de Lava** (7/02/2022 – 13/02/2022)
♜ **Súper Evento de la triple elección** (10/04/2023 – 18/04/2023)
♜ **Evento Súper Cartas de triple elección** (19/08/2024 – 25/08/2024)

Trío de Magos

La descripción de esta carta es muy sencilla: a cambio de siete de Elixir aparecen los tres magos del juego:

- **Mago Eléctrico**
- **Mago de Hielo**
- **Mago**

Aparecen al instante en paralelo a un coste de Elixir más bajo de lo que costaría convocarlos por separado, aunque al aparecer juntos son un blanco fácil para Hechizos como la **Bola de Fuego** o el **Veneno**. Contrarrestables con el **Megacaballero** o **Paquete Real**, son ideales para acabar contra cartas tanque de movilidad reducida.

- **Reto del Trío de Magos** (27/05/2024 – 3/06/2024)
- **Evento Súper Cartas de triple elección** (19/08/2024 – 25/08/2024)

Súper Arquero Mágico

Con pocos puntos de vida, poco daño en ataque (un punto a nivel 14) y un movimiento normal, ¿qué podría hacer especial a esta tropa de coste cinco de Elixir? Pues que cualquier tropa a la que atraviesa con sus flechas queda "hipnotizada" temporalmente y pasa –a todos los efectos– a estar de tu parte, incluyendo Torres de Coronas, Morteros o Ballestas, que dispararán contra las que hasta segundos antes eran aliados. De este modo, ante un *push* de múltiples tropas enemigas, una sola flecha del Arquero las volvería a todas amigas

De modo que, en cuanto aparece en escena, resulta conveniente lanzarle un **Rayo** o cualquier otro Hechizo que pueda eliminarlo lo más rápidamente posible, o rodearlo con tropas como el **Ejército de Esqueletos**. También puedes contrarrestarlo con el **Monje**, que si lanza a tiempo su habilidad reflejará el proyectil del Arquero, que se hipnotizará a sí mismo (esto podría provocar un auténtico caos, con tropas cambiando de bando continuamente). Otras tropas eficaces son el **Mini P.E.K.K.A**, la **P.E.K.K.A** o los **Bárbaros de Élite**, que pueden eliminar al Arquero de un golpe, aunque tendrás que emplazarlo con rapidez y eficacia para no ser hipnotizado en el intento.

- ♟ **Reto del Súper Arquero Mágico** (13/02/2023 – 20/02/2023)
- ♟ **Súper Evento de la triple elección** (10/04/2023 – 18/04/2023)
- ♟ **Evento Súper Cartas de triple elección** (19/08/2024 – 25/08/2024)

Súper Bruja

Tropa con muchos puntos de vida y pocos de daño, genera cuatro Esqueletos y, posteriormente, cuatro Murciélagos a su alrededor. Además, lanza maldiciones a las tropas que ataca, de tal manera que si acaba con ella se convierten en un cerdito, con un efecto similar al de la Bruja Madre.

Las cartas que más la contrarrestan son tropas como el **Arquero Mágico**, **Verdugo**, **Princesa** o **Dragón Eléctrico**, ya que causan daño por salpicadura y tienen ataque aéreo.

Funciona muy bien con el Hechizo de Furia, ya que atacará más rápido, generará tropas más deprisa y todos se beneficiarán del efecto de aceleración.

- ♟ **Reto de la Súper Bruja** (13/05/2022 – 22/05/2022)
- ♟ **Evento de la Súper Bruja** (31/07/2023 – 08/08/2023)
- ♟ **Evento Súper Cartas de triple elección** (19/08/2024 – 25/08/2024)

CAPÍTULO 8

GLOSARIO Y CURIOSIDADES

Apesar de que muchos de los términos que vienen a continuación los conocerás y pueden resultar incluso obvios para ti, es necesario este apartado en el caso de que tus padres cojan el libro y necesiten saber qué significan frases como "Has de hacer *predict*, no baitear y tanquear el daño de carga de una tropa no nerfeada".

Glosario

Daño de carga: Mecánica específica que tienen algunas cartas en el juego según la cual aumentan el daño de su ataque si alcanzan un objetivo después de haber recorrido una cierta distancia. Es el caso del **Príncipe**, el **Príncipe Oscuro** o la **Montacarneros. Por este motivo, no tienes que dejarles** espacio suficiente para correr hacia su objetivo o el daño que provocarán con su golpe será mucho más fuerte.

Hacer predict: Se trata de predecir lo que va a hacer tu rival y sacar ventaja directa de ello. Es anticiparte a lo que va a hacer obteniendo un beneficio evidente o contrarrestar de forma efectiva una jugada. Suele suceder mucho con los Hechizos, al lanzarlos cuando crees que, por ejemplo, van a rodear a tu **P.E.K.K.A.** con un **Ejército de Esqueletos**. Para que te funcione bien has de tener siempre en mente el ciclado de cartas de tu oponente. Te puede pasar como en el póker, cuando te descubren un farol; aquí te puedes encontrar lanzando unas Flechas al vacío y quedarte con cara de tonto. Eso sí, un buen *predict* puede cambiar totalmente el curso de una partida.

Tanquear: Absorber daño para que otra tropa no lo reciba.

Nerfear: Se podría traducir como "equilibrar", y se trata de un ajuste de balance en alguna carta, reduciendo su poder. Su idea es mantener el equilibrio en el juego cuando se observa que una determinada carta o combinación de cartas la vuelve demasiado poderosa, desembocando en situaciones injustas. Normalmente, la carta *nerfeada* reduce su daño, aumenta su coste de Elixir o disminuye sus puntos de vida. De esta manera, se mantiene el equilibrio en el juego.

Hacer bait o baitear: Estrategia en la que un jugador intenta hacer que el oponente utilice una carta concreta de su mazo con una estrategia posterior determinada. Por lo general se trata de una carta de Hechizo o defensiva, con la intención de aprovechar que ya no la tiene para lanzar a continuación un ataque más efectivo. Es una táctica que se usa con la idea de gestionar el ciclo de cartas del oponente y crear oportunidades para que tus propias cartas sean más efectivas.

El ejemplo más básico es lanzar el **Barril de Duendes** para intentar hacer *bait* (forzar) el uso del hechizo de **Tronco**. Una vez que tu rival se queda sin el Tronco puedes lanzar tu **Ejército de Esqueletos** sin ninguna pre-ocupación. A su vez, un *bait* del *bait* sería que te lanzara **Descarga Eléctrica** sobre el **Ejército de Esqueletos** y tú, a su vez, arrojaras una **Pandilla de Duendes**.

De modo que, en este caso, *Bait* significa "atraer" o "provocar", aunque su traducción literal del inglés sería: "cebo, carnada, señuelo o anzuelo".

> En inglés la **Sanadora** se llama **Battle Healer** ("Sanadora de batalla") y el **Gran Minero** se llama **Mighty Miner** (traducible como "**Minero Poderoso**").

Matchmaker: Emparejamiento. Es como se denomina al sistema o algoritmo que tiene el juego para buscarte un rival. Lo odiarás o lo odiarás. Y es que tiene la habilidad especial para emparejarte con mazos que hagan *counter* con lo que lleves. ¿Tienes un mazo de Gólem? Te tocará enfrentarte contra mazos de Estructuras. ¿Tienes un mazo de P.E.K.K.A.? Te cansarás de enfrentarte a rivales con **Dragón Infernal** o **Torre Infernal**.

Push (empujar): Consiste en lanzar un ataque equilibrado y concentrado de tus tropas hacia el frente enemigo, con la idea de causar un daño significativo a tu rival, intentando como mínimo destruir una de sus Torres. Un buen ejemplo es un Gólem junto a un Dragón Eléctrico y una Bruja Nocturna, o un Gigante Noble tanqueando a un Mago y una Lanzadardos.

Counter: Carta o cartas que resultan especialmente efectivas para contrarrestar a otra sacando ventaja competitiva en el intercambio de Elixir o estratégico. El ejemplo más claro es el Ejército de Esqueletos contra el P.E.K.K.A., o el Tronco contra el mencionado Ejército de Esqueletos.

OHKO (one-hit knockout): Término extendido en los juegos para definir el ganar de un solo golpe o ataque a tu rival. Es, básicamente, lo que hace el Súper Mini P.E.K.K.A.

Curiosidades

Supercell: Empresa desarrolladora del juego. Fue fundada en 2010 en Helsinki y tiene sedes en Tokio, San Francisco, Seúl y Shanghái. Cuenta con 320 trabajadores, comenzó con el juego *Gunshine.net*, aunque pronto se centró en el desarrollo de juegos para móviles. En 2012 saca *Clash of Clans*, que fue el juego con más ingresos en Estados Unidos a los tres meses de lanzarse. En 2013 la compañía japonesa GungHo Online Entertainment se hace con el 75 % de Supercell, en enero de 2016 publica *Clash Royale* y en junio Tencent la adquiere por 8600 millones de dólares.

Bolero: Es la denominación popular en algunos lugares para el Lanzarrocas. El origen del apodo es obvio cuando se ve la roca rodante que lanza el personaje, con la que aplasta a sus enemigos. En inglés, el personaje se llama **Bowler** ("Jugador de bolos").

Larry (Larry's): Es el nombre que reciben los esqueletos por parte de algunos jugadores de *Clash*. ¿Por qué? Todo viene de un anuncio aparecido hace tiempo por parte de Supercell donde una Bruja advierte a un Esqueleto llamado Larry que deje lo que está haciendo:

"No toques eso, Larry. ¡No lo toques! ¡¡Larry!!"

Pero Larry no le hace caso y se carga él solo una Torre de Coronas. Y es que, en el fondo, son tropas que no tienen mucho poder y mueren incluso de una Descarga, pero bien empleadas pueden ser muy útiles. A partir de ahí a la gente le hizo gracia y comenzó a llamarlos Larry's.

Montapuercos: En inglés es conocido como Hog Rider (traducible como "Jinete de Cerdos"), es decir, nosotros hemos cambiado la acepción "cerdo" por "puerco" (al igual que en otros países como Francia, Alemania o Portugal). En Noruega, Rusia o China lo denominan "jabalí", mientras que hay otros países como Italia que lo llaman "el Domador de Jabalís" y en Vietnam "el Caballero de los Cerdos".

P.E.K.K.A.: La procedencia de su nombre es un misterio. Se trata de un acrónimo inventado y su significado ha servido de mil y una especulaciones entre los jugadores. Aunque no tiene un significado canónico, en agosto de 2012 **Supercell** llevó a cabo un concurso en Facebook entre la comunidad de jugadores para elegir su

significado. El ganador fue **Perfectly Enraged Knight Killer of Assassins** (traducible como "Caballero Asesino de Asesinos Perfectamente Enfurecido").

Por su parte, el **Mini P.E.K.K.A.** es conocido como "el Panqueques" porque es lo que aparentemente dice cuando se despliega en el campo de batalla: *Pancakes* en inglés. Pero ¿por qué lo dice, porque le gustan los panqueques? Podría ser, pero en una animación de Supercell nos dejó ver cómo ve el mundo y las batallas el **Mini P.E.K.K.A.**, y era con forma de panqueques.

La Bruja: (*Witch* en inglés) En japonés es "la Nigromante", mientras que en malayo es "la Chica Mágica" y en francés "la Hechicera". Por su parte, el Sabueso de lava en italiano es "el Mastín de Lava" y en ruso "Perro Infernal".